講談社文庫

# ひきこもり処世術

カレー沢 薫

講談社

# もくじ


まえがき――〇〇六

## そもそも、ひきこもりとは

①ひきこもりのプロかく語りき――〇一二
②在宅のプロが教える健康不安解消法――〇一七
③ひきこもりのコミュニケーション論――〇二二
④ネットの孤独なウォリアーたち――〇二七
⑤ひきこもりの固定観念について――〇三一
⑥あなたはどんな「ひきこもり」タイプ?――〇三六
⑦ひきこもりというのは「悟り」なのである――〇四一
⑧ひきこもり＝コアラ論――〇四六
⑨ひきこもり原産国ニッポン最大の名産地――〇五二

## ひきこもり、ここに気をつけよ

①ひきこもりにも必要なのは「最低限の身だしなみ」――〇五八
②「社会」「他人」は体に悪い――〇六三
③ひきこもりなりに人間関係を磨け!――〇六七
④起床時間に気を付けろ!!――〇七一

⑤ ひきこもりは時間を無駄にする悪循環になりがち説――〇七六
⑥ ランチに誘われたくないが誘われないのも凹む――〇八一
⑦ バックレても大丈夫なコミュニティに参加すべし――〇八六
⑧ 「弁護士の友人」をチラつかせるのは悪手――〇九一
⑨ 将来、汚部屋に死す……かもしれない――〇九六
⑩ 緊急事態にこそ大切なのは落ち着き――一〇一
⑪ 孤独を感じたら一人焼肉へ行け――一〇六
⑫ 人の心に必要なのは「やること」――一一〇
⑬ 人類は意外とスペランカーくらい脆弱――一一五
⑭ 必ずしもネガティブが悪ではないが――一二〇
⑮ ネットという永遠にザッピングできる装置――一二五
⑯ コロナで露呈した薄皮一枚でつながった関係――一三〇
⑰ 父が風呂場で倒れて気づいた、老人の生存戦略――一三五
⑱ カレー沢家の知られざる歴史――一四〇
⑲ 父のその後。愛され方って大事――一四五

## ひきこもりのトリセツ

① ひきこもりを治す、は「外に出す」ことではない――一五二
② ひきこもりを強制的に外に出すビジネスのお話――一五七

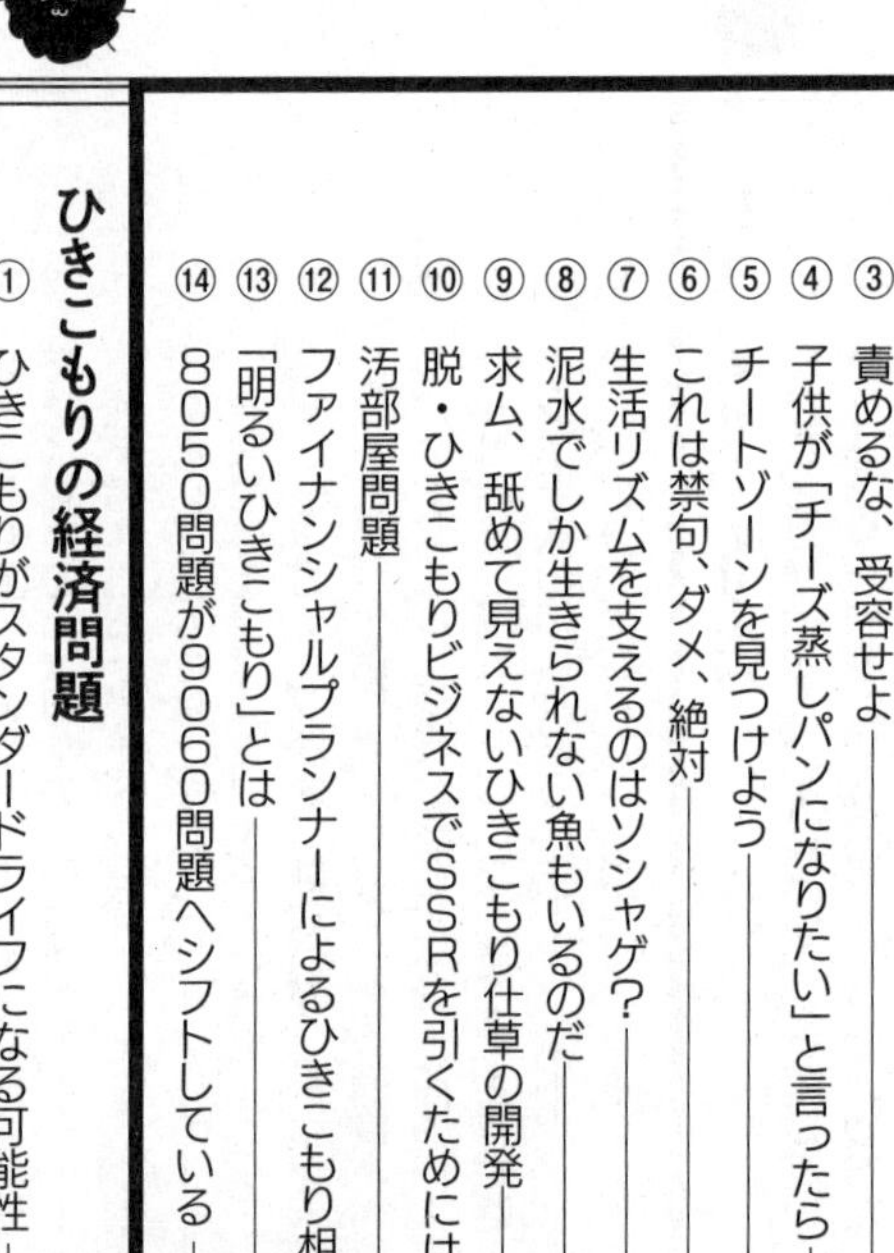


③ 責めるな、受容せよ ―― 一六一
④ 子供が「チーズ蒸しパンになりたい」と言ったら ―― 一六六
⑤ チートゾーンを見つけよう ―― 一七一
⑥ これは禁句、ダメ、絶対 ―― 一七五
⑦ 生活リズムを支えるのはソシャゲ? ―― 一八〇
⑧ 泥水でしか生きられない魚もいるのだ ―― 一八五
⑨ 求ム、舐めて見えないひきこもり仕草の開発 ―― 一九〇
⑩ 脱・ひきこもりビジネスでSSRを引くためには ―― 一九五
⑪ 汚部屋問題 ―― 二〇〇
⑫ ファイナンシャルプランナーによるひきこもり相談 ―― 二〇四
⑬ 「明るいひきこもり」とは ―― 二〇九
⑭ 8050問題が9060問題へシフトしている ―― 二一四


## ひきこもりの経済問題


① ひきこもりがスタンダードライフになる可能性 ―― 二二〇
② フリーランス(≒フリーター)の利点とリスク ―― 二二五
③ 「もう1カ月無職がやれるドン!」に秘密がある ―― 二三〇
④ ミニマリストと呼ぶなかれ。これからは短小生活だ ―― 二三五
⑤ ひきこもりは「知識」が大事 ―― 二四〇

⑥ コンビニはオアシスであり忌むべき敵か―――二四五
⑦ 必要なのは信念、すべてにおいて無駄を省こう―――二五〇

## ひきこもりの未来

① アドレスホッパーとひきこもり、どっちが偉い!?―――二五六
② ひきこもりの地位向上を目指して―――二六一
③ ひきこもりでも、いいじゃない―――二六七
④ 『ジョジョ』から学ぶ現代人の自己肯定感―――二七一
⑤ 自己肯定感の低いひきこもりVS.ドストエフスキー―――二七六
⑥ 自分のフィールドでスーパープレイすればいい―――二八一
⑦ ひきこもりが直面する、社会の難易度高すぎ問題―――二八五
⑧ ひきこもりと呼ぶなかれ―――二八九
⑨ 日本にとってのひきこもりは香川にとってのうどん―――二九三
⑩ 話が尽きないひきこもり、そこに問題の根がある―――二九八
⑪ あなたにとって「ひきこもり」ってなんですか?―――三〇二

あとがき―――三〇八

# まえがき

なぜ「ひきこもり」をフューチャーしようと思ったのか。

まず私自身が現役のひきこもりなので、壮大な「自己擁護(ようご)」という意味がある。ここまで真剣に自分を弁護した奴はテッド・バンディ以来なのではと自負している。

そしてもう一つ、連載を開始したころ、まだコロナ禍(か)の影響下にあり、不要不急の外出を自粛、つまり「ひきこもり」を余儀なくされていたからだ。

つまり、強制的に「ひきこもり」が主流になっていたのである。

今や好機と、何とかこのままひきこもりがメジャーになるように、ひきこもりの良さをあの手この手で布教した次第だ。

その結果が「健闘むなしく」であることは、現状を見れば明らかであり、旅行者は激増、リモート勤務にしていた会社も「出社」という悪(あ)しき因習を復活させるところが増えていると聞き、嘆かわしい限りである。

しかし、この自粛期に「ひきこもり」を体験することにより、ひきこもりの良さに気づき、コロナ明け後もひきこもり続けている人間も少しはいると信じているし、本書の内容がその一助になったのなら幸いと思っている。

私は当然自由に外出できるようになった今でもひきこもり続けているし、外に出て行こうとする者たちを「不可解」とすら思っているが、ひきこもりにも向き不向きがある、ということもわかっている。

そういう意味で私はひきこもりの「才能」に恵まれたと言える。

才能とは努力で得られるものではないので、ひきこもりの才能あふれる私がひきこもりの良さを語るのは、ＩＱ２００の人間が、全部丸暗記すれば東大ぐらい入れるだろうと言っているようなものなのかもしれない。

しかし、ひきこもりの才能に恵まれなかったからと言って嘆く必要はない。ひきこもりの才能がない人はそれに反比例して「社会」の才能を持っている場合があるからだ。

むしろひきこもりは、ひきこもりの才能があるというより「社会の才能がなさすぎた」という消去法でひきこもっている場合も多い。

だが、私のように消去法でひきこもったことにより、ひきこもりとしての才能を開花させる者もいる。

人間は、向かないことに挑むより、自分の能力を生かせる場にいた方がいいし、その方が周囲が助かる場合も多い。

ひきこもりの才能あふれる人間を無理やり社会に出したところで「仕事を増やすバイト」として、周囲の負担を増やす存在になる可能性が高い。

そういうタイプはひきこもりという適職についた方が、本人も楽だし、周囲のストレスもなくなり、良いことしかない。

「選ばなければ仕事はあるだろう」という言葉は相手にとって優しくないだけではなく、自分の首を絞めることにもなるのだ、目の前のひきこもりが自分のバ先の後輩になる姿を想像してから言ってほしい。

ひきこもりの問題点としてまず挙げられるのは「社会との断絶」だが、そもそも社会から断絶された結果ひきこもりになっているのだから、体重200キロの人間が、203キロになるレベルの誤差と思って臆せずひきこもってほしい。

つまり、社会に向いていない人間を社会に出すことより、いかに社会に関わらせることなく、収入を得て日常生活を送れるようにするかを考えた方が効率的な気がする。

そのためにはやはり「ひきこもり」を肯定しなければいけない。

ひきこもりが解決すべき悪しきことという風潮のままでは、社会の才能ゼロの人間が「外に出なければ」という使命感だけで外に出て、周囲に爪痕（つめあと）を残してまたひきこもる、の繰り返しになってしまう。

完全に社会と断絶するのは無理でも、できるだけ距離を置き、距離を置いていることを肯定できる社会になればいいと思う。

最近猫も杓子（しゃくし）も「多様性」であり、懇親会に何故かセクシーダンサーを呼んだ議員が「多様性のため」と言いだすレベルになってきている。

これが多様性なら、ひきこもりという生き方が多様の中に入らないわけがない。

だが、この議員の多様性の使い方が完全に失敗なように、ひきこもりは多様性だと主張していた私が、将来孤独死し、完全に液状化して発見される場合もある。

しかし、失敗は成功の元である。私の失敗がひきこもりという生き方の礎となるなら、それで構わないし、文字通り「死んでも外に出たくない」という意志を貫き通した、信念との殉死と思えば、むしろ孤独死は、ひきこもりにとっての「成功」とすら言えるのではないだろうか。

カレー沢薫

# そもそも、ひきこもりとは

日本の豊かな自然から生まれた
ひきこもり

# ①ひきこもりのプロかく語りき

今回から「ひきこもり処世術」というコラムの連載をさせていただくことになった。前から「ひきこもり」をテーマに書くという話はあったのだが、モタモタしている内に、コロナウィルスの影響で「家から出ないのが一番正しい」という「世界がひきこもりに追いつく」という現象が起きてしまった。実際、今の「外に出られない」という状況で、甲虫の如き強さを見せているのがひきこもりである。

確かに、ひきこもりに外に出るなと言うのは、死体に死ねと言っていると同じであり「そのまま死んでろ」という暴言を吐かれたに過ぎない。つまり「平常運転」なので、外出自粛による精神的ダメージはほぼ皆無である。

しかし、この世で一番強い生き物は「ひきこもり」だと証明されたのだから、みんなひきこもりになろう、と言うつもりはない。一番強いのは吉田沙保里選手に決まっているだろう、いい加減にしろ。

まず注目してほしいのが、コロナ以前からひきこもっていた連中ではなく、今回強制的にひきこもりにさせられた者たちだ。その中でも、すぐに外に出られず人と話せずの状態にストレスを感じはじめた者と、全く人と接しなくても平気、いつまでも家にいられるという「こちら側」の人間に完全に分かれてしまっている。

つまり「ひきこもり」というのは才能であり、もはや「ひきこもり」という生物と言っても過言ではない。

人間は言わば、家の外（社会）という陸と、家の中という海を行き来して暮らす半魚人である。ひきこもりというのは極めて魚（ぎょ）に近い生物である、だから家の中では快適に暮らせ、外に出すと苦しみだすのだ。よってひきこもりは出来るだけ家の中で暮らすのが生物学上正しい生き方である。つまり、ひきこもりに対して「もっと外出た方がいいよ」と言うのは、魚を「陸の方が楽しいから」と水槽の外に出すぐらい頭の悪い行為なので、小学校低学年以上になったらするべきではない。

ちなみに今言っている「ひきこもり」というのは、仕事にも学校にも行かず、パソコンだけが光る暗い部屋に閉じこもり、ドアの前にお母さんが作った手紙つきごはんが置いてあるタイプのひきこもりではない。大体そういうモノホンのひきこもりだって電気ぐらいは点ける。仕事などをして社会の一員として生きながら、極力外出を避け、必要以上に外部の人間と関わらない生き方のことを指す。

このように「社会との関わりの有無」ではなく、「外に出る出ない」だけで「ひきこもり」と呼び、あたかも問題がある人間のように扱う雑な小学2年生感覚や報道の仕方には問題がある。同じ人間でも、森で暮らした方が良い奴と、タタラ場で暮らした方が良い奴に分かれるということを知らないのか、お前は駿の言いたかったことを何一つ理解してねえな、ジコ坊の豊満なボディにばかり目を奪われてるんじゃねえよ、という話である。

むしろ「ひきこもり」として生まれて来た人間を無理矢理外に出すと、ストレスを感じてしまい、逆に社会的問題になっている、暗い部屋にいる方のひきこもりを作ることになる。

しかし、外にいる方が得意な人間が今外出自粛生活に苦痛を感じているように、ひきこもりも苦戦を強いられる場はたくさんある。魚だって、銀行に行くときだけは水の外に出なければいけないという。

社会に属したままでいたいなら、外にも出なければいけないし、当然人とも接しなければいけない時がある、そういう時ひきこもりは躓きやすい。たまたま今回は「外出自粛」だったからひきこもりが勝利しただけであり、これが「地域連携」や「一致団結」「俺とお前」「大五郎」という方針だったら今ごろ立場が逆転している。

よって、どうやって「ひきこもり」というライフスタイルのまま、社会の一員としてやっていくかの「処世術」を考えていきたい。

まず、ひきこもり生活の一番の大敵は「不安」である。ひきこもりは、外に出ないこと、他者と関わらないことを快適だと感じるように出来ているが、あまりにも外部と関わらないと「このままで良いのだろうか」という不安に定期的に襲われるようになっている。しかし、その「不安」というのは大体己が作り出しているのだ。

ところで、このコラムの担当、頑なにコロナウィルスのことを「COVID－19」と言い、私のことを本名で呼ぶ。他の担当は恥を忍んでカレー沢と呼んでいるのにだ。

おそらく、そんな陰キャが唯一の楽しみである伊集院光のラジオに初投稿する時のラジオネームみたいな名前も、「コロナ」なる世界に通用しない日本人丸出しの言い方もしたくないと思っているのだろう。多分リーマンショックの時も「リーマンショックなんて和製英語、海外で言ったら笑われますよ」と言ってわざわざ「the financial crisis of 2007－2008」と言っていたに違いない。カレー沢は別に良い、俺も恥ずかしいと思っている。しかし「COVID－19」の文字を見る度に心の底からこいつとやっていける気がしない。

このように、ただのビジネスメール一つでここまでムカつけてしまえるのが、ひきこもりである。何せ他者と生きた会話をしないので、情報源は、ネットやテレビ、後は「自分の想像」のみで世界が成り立ってしまうのだ。

よって、ひきこもりは「想像力」が極めて豊かになってしまいがちなのである。おそらく、現在の外出自粛で、悪い想像ばかりしてしまい、ウツになってきている人もいると思う。しかし「想像力豊か」というのは長所でもあるはずだ。それを「悪い想像」の方に使うと、ひきこもりであることはもちろん、生きていくことすら不安になってしまい、部屋の電気を消してしまう恐れがある。

一方で、部屋の中で一人、お気に入りの漫画やアニメ、ｐｉｘｉｖの巡回警備をした後「気持ち悪い想像」をして半笑い、というのはひきこもりの醍醐味でもある。

よって「悪い想像」が始まったら、いかにそれを早めに止めるかがひきこもり生活においては重要である。具体的には、寝る、風呂に入る、腹が減ってないか確かめる、など家の中でも切り替えをすることが大事なのだ。もしくは、ｐｉｘｉｖをもう一巡して想像を「気持ち悪い方」にスイッチする。

まずは「敵は己自身」それが、ひきこもり処世術の基本である。

## ②在宅のプロが教える健康不安解消法

コロナウィルスの影響により、世界中が強制ひきこもり生活になってしばらく経つが、最近「アルコール依存」の相談が増えてきているという。他にも運動不足による体重増加など、ウィルス以外の健康被害も深刻化しているようだ。おそらくこれは、ひきこもり慣れていない、もしくはひきこもりに向いていない人間に多く出ている影響ではないかと思う。

家に一人で何もやることがないという場合、人間は何をしだすかというと大体「①食う」「②飲む」「③G」の3択になる。Gが何かわからないという方は「ゴリラ」と思っていただければよい。胸部を激しくドラミングし、昂った気持ちを鎮静化させるという、瞑想とほぼ同じリラクゼーション行為である。

運良く③に落ち着いた人は、健康にもなるし脳も活性化されて良いことしかない。男の場合やりすぎると体に悪いという説もあるが、女の場合本当に良いことしかないそうだ。もちろん女の方が胸部が柔らかいので、ドラミングによるダメージが少ない、という意味だ。

そして①②③に飽きたり疲れたら「寝る」の繰り返しになるのだが、③以外だと「食っては寝る」「酒を飲んでは寝る」という非常に不健康な生活サイクルになってしまう。

よって、ひきこもり生活はG（ゴリラ）を極める、もしくは①②以外で時間を潰す術を持つことが非常に重要となってくる。

今回、それを見つける間もなく、突然ひきこもりにさせられた人間は、運良くゴリラ化、もしくは何かやることを見つけられた者以外、①②に陥り健康を害してしまっているのではないだろうか。

その点ひきこもりは、家で一人時間を潰すことに関しては一日の長がある。もしくはすでにとりかえしがつかないほど健康を害しているので、今回の外出自粛で健康を害したというひきこもりは実質0なはずである。

むしろ「おいおいAKIRAが無料公開かよ」と、言い方は非常に悪いがコロナバブルを感じているひきこもりもいるかもしれない。

このように「家から出ないで一人で無限に時間を潰せる」というのは、ひきこもりの長所の一つである。

しかし、このような緊急事態宣言下でなければ、そんな能力あんまり使わないだろうと思うかもしれない。家でやることがなく、日中から酒を飲んで健康を害すというのは「定年後」にもよく見られるパターンだという。

仕事ばかりしていたため、突然ずっと家にいろと言われても、何をして良いかわからず、とりあえず飲んでしまうのだ。また、年を取ると、体力も衰えて外に出るのも億劫になりがちだ。

さらに若いころは「一日5ゴリラ」というような時間の潰し方も出来たが、老になるとそれも難しい。食うのもそれほどできず、結局飲んで寝るという、超高速NTRルートに陥りがちなのだ。NTRとは寝取られではない、「寝たきり老人」である。むしろ老になっても寝取られジャンルが楽しめるなら安心だ。

現在外出自粛で、アルコール依存など、健康を害し気味な人は、これを乗り切っても、老後同じことになりかねず、老になると当然、病気や認知症、死のリスクが高まってくる。

よって、むしろ今を老後の予行練習と思って、酒に頼らず、過剰に食ったり寝たり、昼夜を逆転させずに過ごす術を身につけておいた方が良いのではないだろうか。

では、ひきこもりの先人たちがどのように家の中で酒も飲まずに過ごしているか、というと人によるのだが、やはりネットを有効利用しているパイセンが多い。

もちろん2兆円さえあれば、地下に闘牛場を作るなどして、いくらでも家から出ずに時間を潰せるが、大体の人は2兆円もっていない。実際、アルコール依存だけではなく、ひきこもり生活により通販や取り寄せグルメにはまって経済的にも破綻する人間も出ているらしい。確かにネットにより、家にいながら無限に金を失えるようになったのも事実だが、ネットにはＹｏｕＴｕｂｅや、俺たちのｐｉｘｉｖなど、無料で永遠に時間を失うことが出来るツールも多い。

だがひきこもり慣れていないと、そういうものがあるということすら知らなかったりするので早くからそういった「ひきこもりお得情報」を得て、それを使いこなせるようになっていることが重要である。

またある程度、家の中に投資をしておくことをお勧めする。

私は、家から出るのが嫌すぎるため、去年数万円の室内ウオーキングマシーンを購入したのだが、そのおかげで図らずも外出自粛状態になった今でも、毎日一日1時間のウオーキングが出来るという、圧倒的勝者となった。

このように、今のような状況のためだけではなく、将来にそなえて、健康的なひきこもり生活が出来るように、整えておいた方が良い。

では、老後も今のようにひきこもりが圧勝か、というとそうでもない。ひきこもりは、外部との接触が少ないため、何かあった時、誰にも気づいてもらえないという致命的欠点がある。

今問題になっている「孤独死」になりやすいのは圧倒的にひきこもりの方なのである。

つまり、今社交的な人はひきこもり能力も身につければ、最強ということだ。

ひきこもりが、社交性を身につけるより5億倍簡単だと思うので、頑張ってほしい。

## ③ ひきこもりのコミュニケーション論

「ひきこもりが先か、コミュ症が先か」

これは昔から哲学者の間で論じられ続けてきたジレンマである。ちなみに、ひきこもりにはわりと議論好きが多く、政治、社会、ｐｉｘｉｖのカップリング表記の仕方まで連日熱い討論が繰り返されている。

ただし、ひきこもり朝まで生討論には必ずと言っていいほど「※ただしネット上に限る」という注釈がついている。これは、ひきこもりをリアル会議室に集めると、なぜか挙手者がゼロになるという怪現象が起こるからである。おそらく会議室に潜んだ霊の仕業なので、ひきこもりが悪いわけではない。

このようにネット上でだけ、饒舌（じょうぜつ）に持論を展開する者のことを「ネット弁慶」、そしてその議論の様子は時に「学級会」などと揶揄（やゆ）されてきた。

しかし現在、世の中ではウィルスの影響で会議もリモート化している。つまりひきこもりが何十年もやってきた「ネット議論」が世界のスタンダードになっている、ということだ。

このように、ひきこもりは常に先駆者なのである。それは「ひきこもり」ではなく、ただの「コミュ症」では、と思うかもしれないが、最初言った通り、ひきこもりとコミュ症には深い関わりがある。

コミュニケーション能力が低い者は、外（社会）にいると問題が起きやすく、ストレスも感じやすいため、トラブルやストレスを避ける方法として出来るだけ外部と接触しないようになる。これがコミュ症が先のひきこもりパターンだ。

一方、家に一人でひきこもることを好む人間は、人と接する機会が少なく、自ずと（おの）コミュニケーション能力も低下していく場合が多い。これがひきこもりからコミュ症パターンである。

いつもはひきこもりだが外に出れば高いコミュニケーション能力を発揮する、というひきこもりが考えた「なろう小説」の主人公みたいな、ニュータイプひきこもりも存在しないことはないが、ひきこもりはコミュニケーション能力が低い傾向がある、というのは否めないところである。

コミュニケーション能力が低いひきこもりが、たまに「手袋を買う」など不要不急以外の用に迫られ外界に降りると、何せコミュ症なので「やらかしてしまう」率が高い。

そうなると「やはり外は怖いとこズラ……」となってしまい、余計ひきこもるというループになってしまう。しかし、ひきこもりがコミュ力が低い、と言ってもそれはあくまで、対面での会話能力が低いという意味である。

冒頭言った通り、ネット上では普通に会話出来るどころか、議論で相手を打ち負かすことだって出来たりするのだ。

しかし、何故(なぜ)か今までネット上でのコミュ力や会話能力は低く見られがちで「ネットでだけ元気でも仕方ない」みたいな言われ方をしてきた。しかし「対面での会話」以外、正しいコミュニケーションではないというのは、今話題になっている「紙にハンコをついた書類以外はヤギに食わす」というアナログ信仰と、大して変わらないのではないだろうか。

昔であれば、ネットを使ったコミュニケーションというのは、パソコンオタクが趣味でやっていること、というイメージだったが、今ではメールやＬＩＮＥが普通にビジネスで使われる世の中である。

むしろ、会話が苦手な奴に会話のみでのコミュニケーションをさせようとすると「ホウ・レン・ソウ」すらままならず、周りに迷惑をかけることになってしまう。それよりは「はす向かいの席にいる上司への報告もメールでして良い」という風にした方が、逆にトラブルを防げたりするのだ。

コミュ症を社会問題視されている方の「ひきこもり」にしないためには、「コミュ症の会話能力を伸ばす」などという「魚に肺呼吸させる」ぐらいのミッションインポッシブルをさせるより、「得意なコミュニケーションツールを選ばせる」方がよほど手っ取り早い。

この「コミュニケーションツールの自由化」こそが、社会に不適合気味な者を社会に留まらせるカギだと考えている。

私は漫画家やライターをやりはじめて10年になるのだが、今までやってきたどの職業よりも長続きしている。失踪や発狂をせずに続けられた理由は、第一は読者の応援、そして担当への殺意だが、2番目は、やりとりをほぼ「メール」ですることが許されているからだと思う。許されているというか、電話に対し「無視」というコミュニケーション方法を取ったため自ずとそうなっただけだが、それでも仕事は出来るのだ。もし、対面や電話での対応を強要されていたら、今頃失踪、発狂、何より殺人事件が起きている。

とにかく、相手を仕留めさえ出来れば武器は問わないように、意思の疎通さえ出来れば方法は問わない、と考えることが、コミュ力の低いひきこもりにとっては重要である。

また周囲の者も、頑なにメールなどでの連絡にこだわる人間がいたら、怪訝(けげん)に思うかもしれないが、無理に対話を望んではいけない。
それが一番、意思疎通が円滑で、殺人事件が起こらないのである。

# ④ネットの孤独なウォリアーたち

今回は本物の「ひきこもり」について語ろう。

陽キャが「オレ結構オタクだから、ワンピースとか読んでるし」と自称するように「ひきこもり」を自称する者も結構いる。ちなみに、ひと昔前までにわかオタクといえばワンピースであったが、ワンピースも今では96巻も出ているので、全部読んでいるとしたらかなり気合の入った漫画読みである。

このひきこもり処世術でいう「ひきこもり」というのは、主にこちらの丘ひきこもりである。

丘ひきこもりとは、仕事など必要に迫られれば外に出て社会とも関わるが、それ以外では外にも出ないし人とも関わらない、というタイプであり「一人が好きなインドア派」と言ってしまえばそれまでである。このようなファッションひきこもりのフェイク野郎のことを、ホンモノのひきこもりは苦々しく思っているかどうかはわからないが、全く別物であることは確かである。

現在「８０５０問題」という言葉が生まれている。これは80歳まで50本自分の歯を維持しようという運動ではない。それではむしろ2倍に増えてしまっている。50代のひきこもりの子どもを80代の親が支えている家庭のことを指す。１９８０年代「ひきこもり」は若年層の問題だったが、現在では中高年のひきこもりの数が増えている。これは突然中高年がひきこもりだした、というわけではなく１９８０年代にひきこもりだった若者が、そのままひきこもり続けて30年経ったからである。つまり、30年自宅に潜伏し、ネトゲやヤフコメでたった一人戦い続けた、令和の横井庄一が全国に存在するということである。

８０５０問題が最終的にどうなるかというと、子を支え続けた親が死んだ時点で子も餓死し親子そろって遺体で発見される。将来を悲観した親が子どもを殺す。または逆に子が親を殺す。果てはヤケクソになった子どもが全く無関係の人間を巻き込んだ事件を起こす。という例もある。

ともかく、本物のひきこもりというのは、最悪死人が出る問題なのだ。休みの日外に出ないいぐらいでひきこもりを名乗るのは正直、おこがましい。

それ以前に「なぜ子どもが30年もひきこもるのを許したのか」と思う人も多いだろう。これはお国柄が影響していると言われている。

先日ニュースを見ていたら、オーストラリアはコロナウィルスの第2波を防ぐため、電車内で座って良い場所を指定するなど、ソーシャルディスタンスを徹底しているという。しかし、ここまでやっておいて、マスクは誰もつけていないのだ。日本人からすれば「最新の防弾チョッキを着ているが、下半身は丸出し」のような違和感を感じるが、オーストラリアにはそもそもマスクという文化がなく、国もマスクはしなくて良いと言い切っているのだ。

このように、コロナ対策ひとつとっても、国によって大きく違うのだ。それと同じようにひきこもり対策も国によって違う、と言いたいが、そもそも「ひきこもり」自体日本独自の問題であり、海外にはあまりないのだ。よって「HIKIKOMORI」は「HENTAI」に続いて、日本を代表する全世界共通語になりつつあるという。

何故、海外にひきこもりがあまり生まれないかというと、基本的に成人したら子どもが家を出るのが当たり前だからという。日本の場合、就職と共に家を出るのはマストではなく、むしろ親の方が一人暮らしは心配だからと、子どもが家にいることを歓迎しているケースすらある。欧米ではそんなのはとんでもねえ、という話であり、親が実家から出て行かない子どもを訴えた例もあるらしい。

つまり、子どもは成人した時点で家を出るのが当たり前で、何かあっても親元に戻るという発想がなく、親も成人した子供が実家に存在するなんて訴訟ものであると考えているため、ひきこもりが発生しづらいのだ。

また、日本の家庭は家庭内での問題を外部に漏らしたがらない、という特徴がある。本物のひきこもりの親は「土日全く外出しなかった、完全なひきこもりだわ」などと吹かしているファッションひきこもりを前にしても、山岡士郎（やまおかしろう）の顔で「明日、ここに来てください、本物のひきこもりを見せてあげますよ」などと言って、自慢の50代のひきこもり息子を披露してくれる、などということは絶対にないのだ。

むしろ家宝かよというぐらい隠し、公にならぬよう、他人の迷惑にならぬよう自分たちだけで世話し「ひきこもり歴30年」というベテランを育ててあげてしまうのである。しかし、世間体を気にした結果、事件が起きて、むしろ家庭の事情が全国に実名報道されてしまったりするのである。

ひきこもりというのは、本物だろうが丘だろうが、基本的に「外」に弱いのだ。

つまり身内には強いが、外部の人間には「ウエッへえ」となるので、もし身内のひきこもりで悩んでいる人がいたら、隠そうとはせず、積極的に外部の人間を入れた方が良い。

# ⑤ひきこもりの固定観念について

ちょっと「ひきこもり」の絵を描いてみてほしい。

多くの人が「何故そんなものを描かなければいけないのか、俺はそれより推しの左斜め45度を向いたバストアップイラストに『Are You Ready?』みたいなセリフをつけたい」と思うだろう。私もそう思う。が、ちょっと我慢して描いてみてほしい。

ちなみに、美形がたくさん出てくる二次元コンテンツでも「ひきこもり」という設定のキャラは出てくるが、ひきこもりの割には全然太っていない。もしくはぽっちゃりという名の巨乳、少なくとも顔は全く太ってはおらず「だらしない部屋着、ボサボサの髪、無精ひげ」の3点のみで「ひきこもり」を表現している場合が多い。もしくは登場時はクソデブでも、物語が進むにつれ、呪いが解けたように美形に戻る。

ただ、ひきこもりを描く時は単純に太らせたり髪をボサボサにしてもいいが、それよりも肌を汚くしてほしい。ひきこもってもデブらない奴もいるが、運動不足と食生活や睡眠の乱れで肌はもれなく汚くなっている場合が多い。特にアゴ周りを壊滅させておけば「おっ、こいつひきこもりのことよく分かっているな」とクライアントに一目を置かれるだろう。あと、髪の毛もただ長髪にするのではなく「キューティクル全剝げ」を表現するとさらに好印象だ。どんなに若くても白髪を混ぜておくのも忘れないで欲しい。

以上のアドバイスを元に、俺の考える最強のひきこもりを描いて欲しいのだが、ディテールに差はあれど、多くの人が「男性」のひきこもりを描いたのではないだろうか？

先日担当よりＮＨＫが「ひきこもりキャンペーン」をやると聞いたので「ついに拙者の時代がきましたな」と見に行ったのだが、当然のように、ひきこもりとしてどう生きて行くかではなく「ひきこもり問題」をどう解決するかという特集であった。

しかしひきこもりを「問題」と言いながら「ひきこもり」ではなく「こもりびと」と、ちょっとイケてる風にしようとするなどの迷走が見られる。

私も、ひきこもりとして生きる道を模索しているが、もちろん外に出て社会生活が送れるのだったらそれに越したことはないと思っているし、そうなれるならなりたい。しかし、それがどうしても無理だというタイプは、無理に外に出て心身を破壊したり、事件を起こすぐらいなら、極力世間や他人と関わらずに生きて行く道を見つけた方がマシなのではないか、と思っているだけである。

よって、ひきこもって生活しているが外に出る望みは捨てていない、もしくはひきこもりにはなりたくないという人は、「こもりびと（）」のHPや番組をチェックしてみてはどうだろう。そして、担当によると、その特集の中では「女性のひきこもり」についてもクローズアップしているので、私にも「女性のひきこもり」について語ってほしい、とのことである。

私が一応女、昔のクソオタク女風に言うと「遺伝子上女（暗黒微笑）」なのでそう思うだけかもしれないが、現代においては、どんな立場にいても女の方が厳しい目で見られているような気がする。独身で働いていれば「結婚しないのか」と言われ、結婚すれば「子どもは産まないのか」と言われ、「しないし、産まない」と答えれば、少子高齢化の元凶のように言われる。何故手取り13万の事務員などに、そんな人類を滅ぼすような力があると思うのだろうか。

結婚して主婦になっても「子どももいないのに主婦なんて甘え」と言われるし、子どもが生まれても「ワーママもたくさんいるのに何故お前はそれが出来ないのか」と言われる。昨今の「多様化社会」というのは、女性が色んな選択肢を「選べる」のではなく、ただ「やることが多い」という金田一少年の犯人状態になっただけのような気もする。だが、一つだけ女が圧倒的に甘く見てもらえる立場がある。

それが「無職」、そして「ひきこもり」だ。「ひきこもり」のイメージイラストの多くが「男性」なのは、男性のひきこもりが多いからというわけではなく、男性にした方が「深刻」な感じがするからだと思われる。男が成人して働かず実家にひきこもっているといったら、周囲は「恥ずかしくないのか、一刻も早く外に出て働くべき」と責めるだろうし、親もそんな息子を恥と思い、早く何とかしなければと思うだろう。

女のひきこもりも同じことを言われるが、それでも女には結婚していれば「専業主婦」、未婚なら「家事手伝い」という、無職やひきこもりを隠すオブラートが存在するのである。未婚の無職ひきこもりでも女であれば、周囲や親は「それでも女なら結婚すればワンチャン」と考え、男よりも深刻ではないと捉えてしまうのだ。

ツイッターを開けば3秒で、結婚しても仕事や子育てで生活に苦労している女に山ほど出会えるのに、何故か日本では「女は結婚すれば安泰論」が未だ(いま)になくならない。仮に結婚が打開策になるとしても、現在専業主婦は既婚女性の3分の1程度になっている。

つまり男の半数以上が、結婚相手に働いてくれることを求めているため、家事が出来たとしても「無職で10年ひきこもっていた」という女と結婚しようという男は、なかなか見つけられないのである。ひきこもりになるような自己肯定感の低い女なら、自分の言いなりに出来るだろうと選ぶ男ならまだ良い方で、最悪、人身や臓器売買のブローカーの恐れがある。

つまりかなりノーチャンに近いのだが、周囲が「女だし結婚でワンチャン」と思えば本人もそう思ってしまうため、女のひきこもりは周りも本人も「早く何とかしなければ」とさえ思わず、見過ごされ、むしろ男より長期化するリスクがある。

つまり、ひきこもり問題は女なら大丈夫、というわけではなく、少なくとも男と同じぐらいには深刻である。

よって、ひきこもりの絵を描いてくれと言われたイラストレーターは、ぜひ男だけでなく肌が汚い女のひきこもりも描いて、男女関係ない問題だということを啓蒙してほしい。

# ⑥あなたはどんな「ひきこもり」タイプ？

先日NHKが「ひきこもり」をテーマにした番組を放送したが、こういった「ひきこもり」を取り上げた番組が放送されるたびに物議を醸すのが「ひきこもりの定義」だ。

ウィキペディアの「ひきこもり」の項目を見ると、「学校にも仕事にも行かず家にひきこもっている状態」と書かれている。これがひきこもりでなければ、もはや「土に首まで埋まっている状態」ぐらいしか、ひきこもりとは言えなくなってしまう。これはあまり物議を醸さないタイプのひきこもり像なのだが、最近「買い物など、必要がある時以外、外出しない状態」をひきこもりと呼ぶ報道も増えてきているように感じる。

これに対しては、「用がなければ外に出ないのは当たり前だろう」「家の外に出られる奴をひきこもりと呼ぶな」「買い物などという高度な社会活動をするひきこもりがいるはずない」「うちのじいちゃんは用もないのに外に出て近所の社会問題化している」など、反論意見が多い。

つまり、必要以上に外に出ないというだけで、「ひきこもり」などと問題のある人間扱いされても困るということである。確かに、平日は仕事という「用」のために外出し、休日は家に籠りっきりで用がなければ外出しないという人間を「ひきこもり」と呼ぶなど「生でしたことないから実質童貞」と言っているようなもので、本物の童貞からしたら片腹痛い、としか言いようがないだろう。

前に、女性のひきこもりは「専業主婦」や「家事手伝い」という名称に隠れて可視化されにくいという話をしたが、だからといって「家に籠って家事だけしてるような人間なんて実質ひきこもりっしょ」などと言ったら、確実にツイッターが燃える。

つまり、物理的に家の外に出ないことだけを「ひきこもり」と呼ぶのは、語弊があるということだ。

その理屈で言うと、家から出ずに仕事をして自活し、電話やネットを使って社会や他人とコミュニケーションをとっている人間には問題があり、公園のベンチで朝から晩まで誰とも話さず虚空を見つめているおじさんは、何の心配もいらないということになってしまう。つまり、外に出ないということだけを問題視していたら、本当の問題が見過ごされてしまう可能性があるということだ。

「外に出て買い物などはできる」と言ったら一見ひきこもりではないようにも聞こえ

るが、親の金で買い物をし、他者とのコミュニケーションは、店員の「レジ袋いりますか？」の問いに首を振るのみで、明日親が死んだら詰むという生活をしているなら、やはり問題のある「ひきこもり」と言わざるを得ないような気がする。

つまり「ひきこもり」とは家の中にひきこもっている状態ではなく、社会の輪から外れて孤立している状態を指すのではないだろうか。学校や仕事を辞めてしまうことが、社会から孤立する大きな原因の一つなのは確かだが、必ずしも何もしていない＝孤立というわけではない。

自宅でインターネットビジネスをして生計をたて、お金はあったものの、周囲との関わりが一切なかったせいで心身を病み、孤独死したうえにしばらく気づかれなかったというケースもある。

逆に言えば、無職なのに何故か明るく社交的であればひきこもりではないし、事件も事故も起こる可能性は低いと言える。

だが、そもそもこの「無職の分際で何故か明るく社交的」などと言ってしまう感覚こそが、ひきこもりを生んでいるのかもしれない。世の中には病気など諸般の理由で働けなかったり、国の保護を受けている人もいる。そして日本には、そういう人たちが、テレビを見たり外を歩いているだけで「元気じゃないか！」と怒り出す人がいるのである。

つまり、病人や無職ならそれらしく家に閉じこもって、自らを恥じながら部屋の隅で体育座りをしておくべきということであり、それはまさに「ひきこもり」の姿だ。そんな圧をかけられたら、ドロップアウトした人間はひきこもりにならざるを得なくなってしまう。

よって「社会貢献できてないやつは、それらしく家に引っ込んで申し訳なさそうにしていろ」というのは、世の中にひきこもりを増やし、国の所得と税収が下がり結局増税などで自分の首を絞める行為なので、とにかく明るい無職や元気ハツラツオロナミンCな病人を見たら、「その調子だ！」とガールズバーに誘うぐらいの寛容さを見せた方が、結果的に自分のためなのである。

ともかく「家から出ない奴はひきこもり」という括(くく)りは若干雑すぎる。だが一方で、ひきこもりの定義をあまりにも狭めすぎない方がいいとも思う。もしひきこもりの定義を「1ヵ月以上家から一歩も出ず、家族との会話すら、母親に『おいババア！』しか言っていない状態」にしてしまうと「俺は『おいババア！　マガジンじゃなくてジャンプつっただろ！』と言っているからひきこもりではない」ということになってしまう。

アルコール依存症の治療も、まず自分が自分をアル中と認めない限り前に進まないように、ひきこもりも自分をひきこもりだと認識しないと解決出来ないのである。

よって、ひきこもりの定義を狭めて「自分はひきこもりではない」と安心させてしまうよりは、定義をガバガバにして「もしかして自分はひきこもりでは」と疑いを持たせる報道の方が、ある意味では正しいと言える。何事も「自分は違う」と当事者意識を持てないことが一番危険なのだ。

よって、やたら主語のでかいひきこもり番組を見ても「その程度でひきこもりなんて言われちゃ、たまらねえ」とは思わずに、自分はひきこもりなのではないかと疑ってみることも大事である。そうすれば「よく考えたらこの1週間、コンビニの店員に『レジ袋いらない』のジェスチャーしかしていない」ということに気付き、「せめて声ぐらい出そう」という生活の改善につながることもある。

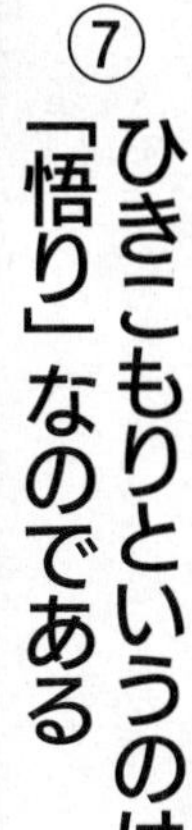

## ⑦ ひきこもりというのは「悟り」なのである

「ひきこもり」の定義は昔から議論されているが、コロナウィルスの影響によりリモートワークが普及し「家から出ずに会社勤め」が一般化したことにより、さらに議論は紛糾の一途をたどっている。

現在一般的なひきこもりの定義は「半年以上学校や職場に行かず家族以外の人間と親密な関係を築けない状態」だ。この「学校や職場に行かず」は物理的に行っているか、ではなく「学校や職場に所属し、勉強や労働をしていない状態」のことを指すと思われる。もし物理的な意味だとしたら、全く無関係な学校や会社の敷地に毎日侵入している無職は「ひきこもりではない」ということになる。確かにひきこもりではないかもしれないが、ある意味ひきこもりより深刻な何かを発症しているので、そちらの方を先に何とかした方がいい。

つまり、ひきこもりの称号がほしければ、ただ単に外に出ないだけではダメなのだ。外に出ないことはもちろん、人間関係を絶ち、勉強、仕事、家事などの社会的行動もやめなければいけない。俗世やそこに住まう俗物たちとの関係を捨て、俗世の営みから足を洗わなければいけないということである。

つまりひきこもりは「悟り」であり、仕事などを辞め、人間関係を絶つのはそこに至るまでの「修行」なのである。私の修行も、家どころか部屋からもろくに出ず、俗世との交わりはもちろん、家族との会話もほぼなしと、かなりの佳境に入ってきている。

しかし、このような文章や漫画と引き換えに俗世の企業から割れた茶碗に小銭を投げてもらっているうちはまだ「ひきこもり」を名乗ることは許されない。「仕事を全部切られる」という禊を終えるまでは「ただの不審者」としか名乗れないのだ。

逆に言えば、家から全く出ていなくても、会社に所属し、リモートで働いている人間はあまり「ひきこもり」とは言われないのだ。だが、勉強も仕事もしないで部屋から一歩も出ず外部の人間どころか家族とも話さず、アレクサさえ2回に1回無視してくるようになったが、資産が2兆円あり、生活に困っていないという人間を「ひきこもり」と言えるだろうか。

または、2兆円持っているが、使い方がわからず、人づきあいが一切ないので、使い方を教えてくれる人もおらず、諭吉を甘辛く煮た奴で何とか飢えをしのいでいる人間は「ひきこもり」ではないのか。

物理的に外に出ているかどうか、学校や会社に所属しているかどうか、そして生活が出来ているかどうか、など、ひきこもりの判断基準は一つではない。

だが悪い意味での「ひきこもり」というのは、結局本人やその周囲が「困っている」かどうかなのではないだろうか。たとえ人間関係や社会性が皆無で、三食諭吉、近々栄一を甘辛く煮た奴を食っていたとしても、本人が煉獄さんのように「うまい！うまい！」と言っていて、周囲に迷惑もかかっていなければ、それは相談や解決が必要なひきこもりではない、ということだ。それよりも、会社に行っているし、人づきあいもあるが、それが苦痛で仕方がなく、それ以外の時間は人間が怖いのでひきこもっているというタイプの方が早急に対策が必要である。

ひきこもりだけではなく、問題というのは、本人が「自分は困っている」ということに気づき、今の状態を「解決すべきこと」と認識しなければ解決に向かわないのだ。逆に問題の定義づけをしてしまうことにより、本人も周囲も「この定義に当てはまってないから大丈夫」と思い込み、対策が遅れてしまう場合がある。すごく辛いが、定義に当てはまってないから問題として認識しないというのは「内臓が破裂しているような気がするが、熱が36・2度なので出社する」のと変わらない。

自分の状況やコンディションというのは一般的な数字ではなく「内臓が破裂しているような気がする」という自分の感覚基準で判断した方が良い。周囲もたとえ平熱でも本人が「内臓が破裂しているかもしれない」と言って来たら、そちらを重視すべきである。

だがこの「平熱だから大丈夫」は、無意識の内にやってしまっていることが多い。誰かに悩み事を相談された時、良かれと思って「普通」「大したことではない」「俺の方がもっと破裂している」等の励ましをしたことがないだろうか。

これは励ましているようで相手の「困っている」という事実を否定してしまっており、逆にもっと破裂している人間もいるのにお前はそれぐらいの破裂で、と責められたと感じてしまう。

よってどれだけくだらないことでも相手がそれで悩んでいるというなら、まずそれを否定しないことが大事である。

しかし、周囲が悩みと思ってないのより、ある意味厄介なのが「本人が思っていない」場合である。

親がどれだけ子どものひきこもりに悩んでいても、本人が「今の生活サイコー！」とダブルピースだと問題解決は非常に難航する。

またこの場合も。本当は何とかしなければいけないとわかっているが目をそらしている場合と、本気でサイコーだと思っているケースに分かれる。前者であればまだ説得できるかもしれないが、後者の場合まず「お前、自分のこと健康だと思ってるかもしれないが、内臓大爆発してるぞ」という、大きな認識の違いを正すところからはじめなければいけない。私も自分のひきこもり生活を問題とは思っていないのだが、客観的に見ると大爆発している側かも知れない。

しかし私に全く爆発している意識がないため、いかに本人に問題を認識させるのが難しいことかよくわかる。

# ⑧ ひきこもり＝コアラ論

一昔前であれば、アニメや漫画と言えば日本だったし、そこから「ＨＥＮＴＡＩ」という万国共通語を生み出したことはあまりにも有名である。

しかし現在では、海外でもクオリティが高いアニメや漫画が次々と生み出されている。このままでは日本がいつの間にか経済先進国でなくなってしまったのと同じように、漫画やアニメ、そしてＨＥＮＴＡＩの国と呼ばれなくなってしまう日も近いかもしれない。

そして何度も言うが、「ＨＩＫＩＫＯＭＯＲＩ」も日本発祥の文化である。

何かの発祥の地について語ると大体論争が起こるものだが、ＨＥＮＴＡＩとＨＩＫＩＫＯＭＯＲＩの起源に関してだけは、諸外国も異論を挟む余地が見当たらないようだ。

しかし作者の自分が描いた絵より読者のファンアートの方が上手(うま)い、というのはよくある話だ。「元祖」という肩書きにあぐらをかいていては、すぐ後続に追い落とされてしまう。つまり油断していたらＨＩＫＩＫＯＭＯＲＩ先進国の座も奪われかねない、ということだ。

文化に専有権はないし、日本発の文化が世界に広がるのは誇らしいことかもしれないが、「ＨＩＫＩＫＯＭＯＲＩって日本発祥だったんだ、知らなかった」と言われてしまうようでも困る。

幸い今のところ日本がひきこもりのトップシェアを誇っているように見えるが、今後ライバルになり得る国のことはチェックしておく必要がある。今後、他の国のひきこもりの数が日本に迫ってきた際は、「母ちゃんにだけ高圧的」など「日本らしさ」を出していくことで勝負していかなければならない。

まず、いろんな意味で世界を牽引（けんいん）する強国アメリカだが、悪いがひきこもりに関してだけは「眼中にない」といったところだ。そもそもアメリカには成人した子どもを家に置いておくという文化がなく、強烈な個人主義国なため、たとえ大人になった子どもに困難が起こっても「親が面倒を見なければ」という発想がないのである。

つまりアメリカは、ひきこもりの芽が出る土壌がない不毛の地ということだ。

だが、ひきこもる場所がないからアメリカには社会からドロップアウトする人間がいない、というわけではない。社会から逸脱した人間はひきこもりにはならず、ホームレスになるのだ。よって、アメリカは日本がひきこもり大国なのに対してホームレス大国なのだそうだ。

つまり、社会から脱するにしても内に行くか外に行くか、でお国柄の違いが出ているということである。

やはり日本は物理的にも「内向的」と言わざるを得ないようだ。

アメリカが相手にならないとすれば、逆にどんな国がライバルとして立ちはだかってくるかというと、意外にも「イタリア」が候補に上がっている。

イタリアと言えば、日本とは真逆の陽キャの群生地で、イタリア人は日光を当てないと死ぬというイメージだが、実際は日本人とかなり似た国民性を持っているらしい。イタリア人と日本人の共通点と言えば、「意外と胸毛が生えている」以外思いつかないが、イタリア人は意外ではなく「普通に生えている」という感じだし、ひきこもり後進国のアメリカ人だってデフォルトで生えていそうだから、胸毛の線は一旦消して考えるべきだろう。

胸毛を消したらもう何も思い浮かばないと思うので結論を言ってしまうと、イタリアは日本に負けず劣らずの家族主義な国であり、特に母親との結びつきが強いマザコン大国なのだそうだ。ちなみにファザコンも多い。むしろイタリアではマザコンが普通なため、マザコンは恥ずかしいという意識すらないらしい。よってマザコンだと指摘されたら、「マザコンではなくイタリア系なのだ」と反論することができる。

ひきこもりと親との関係には大きな因果があり、親から過度に無視されたり、逆に干渉されすぎるとひきこもりになりやすい傾向があるらしい。

私のように「特に理由のないひきこもり」もいるので、ひきこもりは親のせいと断言出来るわけではないが、個人主義より家族主義の国の方が、ひきこもりが発生しやすいというのだけは確かのようである。

続いてドイツだが、ドイツ人と日本人は国民性が似ていると言われるので、ドイツもひきこもりが発生しやすいのではと思いがちだが、ドイツはアメリカ同様、成人した子どもを家に置いておく文化がないため、ひきこもりが育ちにくい土壌のようだ。だが一方で、ドイツでは「ゲーム依存」が深刻化しているという。おそらく屋外でゲームに依存している奴は少数派だと思われるので、ひきこもり大国になる素質はあると言える。だが、ドイツは日本より「不登校」に対しとても厳しく、子どもが病気などの理由以外で学校に行っていないと、即ポリス沙汰になる恐れがあるそうだ。

逆に言えば子どもは「学校以外で学ぶことを許されていない」ということであり、学校に行かず家で学ぶなどの選択肢がないということだ。

ドイツ人は日本人と同様真面目で勤勉と言われるが、それは社会がこちらに要求する社会性ハードルが高すぎるという意味でもあり、それもひきこもりが発生しやすい原因の一つである。つまりドイツはひきこもりの芽が出やすい土壌ではあるが、芽の段階で周囲がそれに除草剤をぶっかけるため育ちづらい環境ということだ。

社会がこちらに求める要求が高い上に、ひきこもって逃げることも叶わないという意味では、ドイツは日本よりも社会性がない人間に厳しい国と言える。

対してイタリアは日本やドイツに比べればおおらかな国なので、ひきこもりが育ちやすい環境ではあるが、芽自体はそこまで出やすくないのかもしれない。

つまり日本は、社会の一員として認められるための水準が高く、それを越えられなかった人間がひきこもりになりやすい上、それを匿う家という名の温室、さらに除草剤どころか、数十年にわたり衣食住という名の養分を与えてくれる飼育員までが完備された国なのだ。

ここまで揃っているのは、やはり世界広しといえど日本だけなのではないか。もはやひきこもりは、宝石やサンゴ礁と同じで「自然が産んだ奇跡」と言えるのではないだろうか。

人間というのは、生物を乱獲しまくり、絶滅寸前になってから焦って保護するという愚かとしか言いようのない行為を繰り返してきた生き物である。今も世の中は「ひきこもりを減らそう」という風潮になっているが、いざひきこもりが絶滅寸前になったら焦るに決まっている。

つまり、日本のひきこもりはオーストラリアでいうコアラみたいな側面がある、ということだ。コアラをとりあえず根絶やしにしたり「もっとハダカデバネズミみたいに社会性のある生き物になったらどうだ？」と言っても仕方がない。コアラがコアラのまま生きていける環境を与えるのがベストなのと同じように、ひきこもりにもひきこもりのまま生きていく術を与えた方が良い。

そして、コンビニに行く時だけ外出するひきこもりを見たら、コアラがユーカリを食っているぐらいの微笑（ほほえ）ましい目で見てほしい。

# ⑨ ひきこもり原産国ニッポン最大の名産地

ひきこもり関連の記事というのは、ひきこもり当人や家族を取材したものが多いが、ひきこもりを支援する団体を扱ったものもある。

先日ひきこもり関連記事を読んでいたところ、最後の最後で取り上げられているひきこもり支援団体が、私の地元の団体であることが判明した。ちなみに掲載されていたのは、ローカルニュースサイトではなく全国版のニュースサイトである。

我が県のことが全国ニュースに出てくること自体が割と異例であり、ひきこもり支援団体という名のカルト教団なのではないかと思ったが、どうやらちゃんとした団体のようである。わざわざ全国誌が地方の団体を取り上げるということは、その団体は全国的に見ても先進的なひきこもり支援を行っているということなのだろう。

だが、ひきこもりの支援が発達しているということは、同時に我が県は「ひきこもりの数が多い」可能性がある。

少なくとも病人がいない町に病院は建たない。団体戦で挑まなければいけないほどひきこもりがいるから、支援団体も存在するのである。もしくは量より質、一騎当千のひきこもりが我が県には多いのかもしれない。

我が県の特産品といえば総理大臣であり、大臣なら、山に生えている蛇口をひねれば出てくるし、おばあちゃんちに行くと総理を甘辛く煮たやつが出てくる、でおなじみだったが、ひきこもりも隠れた名産なのかもしれない。

実際我が県にひきこもりが多いかは不明であり、私も私以外のひきこもりを地元で見たことはないのだが、そもそもひきこもっているのだから、ひきこもり同士が出会うはずがない。ひきこもりというのは基本的に隠れているもので、本人も家族も隠そうとする傾向があるため、おそらく国も正確な数字は把握しきれていないのではないだろうか。むしろ「うちはひきこもりがいて困ってるっす」と素直に言える家は、まだひきこもりとして重度ではないと思われる。

私の本業は「人の不幸ソムリエ」なので、日々ネットで不幸な人を探しているが、本物の不幸な人はネットをやる余裕などないのでネット上には存在しないのだ。

それと同じように、一刻も早くなんとかしなければいけないひきこもりほど数字に入っておらず、事件が起きてからやっとカウントされているのだと思われる。

そんなわけで、肉眼で見えないだけで結構ひきこもりがいるとわかった我が地元だが、そもそもひきこもりに地域差はあるのだろうか。

前回書いたが、日本はひきこもりの原産国であり、ひきこもりが生まれやすい土壌に、ひきこもりが育ちやすい環境が合わさって生まれた一種のブランドである。しかし、米だって育ちやすい地域とそうでない地域がある。ひきこもりの品質も地域によって差が出るものなのだろうか。

まず、都会と田舎ではどっちがひきこもりが多いかというと、すごく差があるわけではないが「田舎」の方が多いらしく、某県では18歳から55歳の間のひきこもり率が8・8％にもなっているらしい。つまり約10人に一人はひきこもりであり、ここまでくると珍しくもないのでもういいのではないかとすら思う。ただ、何せ田舎なので、そもそも18歳から55歳が総人口の1割しかいないという可能性もあり、そうなるとひきこもりは総人口の1％程度となる。

ハナから結婚の意思がない人間を含めて「●歳以上の男女の●％が結婚出来ない」と言ったり、ニュースというのは見出しをセンセーショナルにするために数字のマジックを使っている場合があるので、全てを鵜呑み（うの）にしてはいけない。

では仮に都会より田舎の方がひきこもりが多いと仮定した場合、その原因はなんなのか。

専門家によると「交通の便」が関係しているのではないか、ということだ。

ひきこもりといえば「コンビニだけには行く」でお馴染み（なじ）みだが、「コンビニへ行く」と言っても、田舎と都会では意味が違う。都会のコンビニであれば「徒歩圏内」が当たり前だろうが、田舎はそうではない。現に私の「コンビニに行く」は車を運転することを意味しており、正直かなり面倒である。また、田舎の夜は都会よりも格段に暗いため「深夜に一人でコンビニに行く」のはかなりの大冒険になってくる。

つまり、都会と田舎では外出に対するハードルが違うため、田舎のひきこもりの方がより外出から遠ざかってしまいがち、ということだ。

それに、私はまだ「車を運転するひきこもり」なので必要に迫られて外出することもあるが、車のない田舎のひきこもりは、仮に外出したくても手段がないため無理なのだ。

また、ひきこもりは「自力でひきこもっている」というケースは稀である。むしろひきこもってても自活が出来ているなら問題ではない。つまり一人暮らしより、生活を支えてくれる家族と共に「実家」で暮らしているひきこもりの方が多いということだ。都会は確かに人口が多いが、それは各地から人が集まっているからであり実家住まいの人までもが密集しているわけではない。また都会より田舎の方が世間体を気にする傾向がある。

つまり都会より田舎の方が、「ひきこもりを匿う実家」が多いため、ひきこもりの数も多いのではないだろうか。そうだとしたら、我が県はかなり条件が揃っているため、やはり他の県に比べてもひきこもりの発生率は高いのかもしれない。つまり私は、ひきこもりの原産国の中でもさらにひきこもりの名産地で生まれたひきこもりということになる。

つまり「コシヒカリ」や「あきたこまち」と同じだ。私が中途半端なひきこもり方をしたら、地元のブランドに傷をつけることになる。

さすがあの県産のひきこもり、と言われるよう、一層気を引き締めてひきこもっていきたいと思う。

# ひきこもり、ここに気をつけよ

## ①ひきこもりにも必要なのは「最低限の身だしなみ」

コロナの影響による外出自粛で、仕事も娯楽も家から出ずに完結させるのが主流になり、各企業があまり乗り気でなかったリモートワークも「やればできるじゃねえか」ということが判明した。

もちろん今後は「デキるけどやらない」という逆松岡修造（まつおかしゅうぞう）みたいな会社方針になるかもしれないが、この仕事も余暇も家から出ないという「ひきこもり」がライフスタイルの一つとして定着していく可能性は高い。

外や社会が苦手なひきこもり体質の人間にとっては、明治維新以来の日本の夜明けという感じがするが、もちろん「ひきこもり」にもデメリットはある。まずライフスタイルとしての「ひきこもり」を続けていくうちに、社会問題視されている方の「ひきこもり」にスライド走行してしまう危険性がある。

問題視されている方の「ひきこもり」とは、仕事や学校に行っていないのはもちろん、家の事さえせず、当然外部との繋（つな）がりは皆無で家族とも会話なし、家族が注意しても聞かないし、最悪暴れるため放置するしかなく、第三者に相談するという発想すらできず、ひたすら、家に「ひきこもり」がいることを近所に隠しているという状態だ。もはや問題じゃないところを見つけるのが難しい逆間違い探し状態だが、この「ひきこもり」の何が一番問題かと聞かれたら、まず働いていないことによる経済的問題を挙げる人が多いのではないだろうか。よって家で仕事をしている有職ひきこもりは、このようなひきこもりになる恐れはないような気がする。

しかし「他人との接触が少ない」ところは同じであり、何より「外にあまり出ない」ところが共通している。

仕事をしているのだから他人や外部との接触がないわけではない、と思うかもしれないが、おそらく電話やメールでのやり取りが主で、対面で人に会うという機会はかなり少ないだろう。

それの何が問題かというと、対面で人に会わないことにより「ビジュアルに気を遣う必要がなくなってしまう」のである。

他人の目というのは煩わしいものだが、人の見た目や言動を「人間」に留(とど)めるストッパーになっていることは否めない。これがあるから、実はゴリラだという人も、会社へ行くときは一応、洗濯した服を着るなど人間のコスプレをするのである。そうしなければ、社会では「あいつゴリラじゃね？」と悪目立ちしてしまい、社会生活に支障を来す。

そもそも服だって、人が見ているから着ると言っても過言ではない。だから誰もいないオフィスでつい全裸になってしまったりするのである。特別着飾る必要はないが「最低限の身だしなみ」というのは、社会で生きるための必須条件と言えるだろう。

だがひきこもりになることで、それが必須ではなくなってしまうのである。

別に家でどんな格好しようが構わないではないか、と思うかもしれない。人が見ていないんだから、服も適当で良いし、すっぴんはもちろん、女で江田島平八(えだじまへいはち)の如きヒゲが生えてても関係ないと思うというのは、人に会わないせいでファッションや化粧、美容に対する「関心」がなくなっているということである。

この物事に対する関心がなくなる、つまり「どうでもよい」というマインドは、ひきこもりどころか孤独死まで引き起こす諸悪の根源なのだ。

人に会わないから見た目はどうでもいい、を続けていくうちに、外に着ていけるような服がなくなり、本体のビジュアルもショッキングになるため、ますます他人とのかかわりがなくなっていく。

そうなると風呂に入る意味も見いだせなくなり、当然健康にも気を遣わず、具合が悪くなって病院に行っても、別の施設を紹介されそうなビジュアルをしているため行く気になれず、何より対面で人と接し慣れていないので、医者に症状を説明できる自信すらない。そして、誰にも知られないまま帰らぬ人となり、当然外との交流がないのでしばらく発見されないというのが孤独死の黄金パターンである。

他人と会うというのは良くも悪くも「ハリ」なので、ひきこもりは外で働いている人間より「どうでもいい」マインドに陥りやすいというのは確かなのである。

リモートワークでＺｏｏｍなどのビデオ会議を使っている所も多いかと思う。果たして顔を映す必要はあるのか、音声だけでも成立するのではないか、と思ったが、あれはプレゼンなどがしやすいという理由だけではなく「人の形を維持するモチベーションになる」という意味で実に有用である。ビデオ会議であることによって、せめて上半身だけは、人に見せられるビジュアルでいようというハリになっているのだ。

他人に会わなくて良い、というのは実に楽なことだが、堕落にもつながりやすく、そこから社会的死どころか、リアル死まで招くことになりかねないのだ。

風呂に入っていない奴が「人は見た目じゃないですよ」と言っても誰も聞かない。

「ひきこもりは新しいライフスタイルのひとつですよ」と、ろくろをまわすポーズで言いたいなら、ひきこもりでありなが

ら、清潔感があり健康的な姿で言わなければまるで説得力がないのである。

まずは「たとえ家の中でも、外に出ても法に反しない格好を心がける」、それが長く健康なひきこもりを続ける鍵である。

## ②「社会」「他人」は体に悪い

前年に比べ、今時期の自殺者数が減っているそうだ。

例年であれば今はゴールデンウイークが終わり、五月病に陥り、早い人間だとすでに退職や通院をキメているところである。コロナウィルスの影響で会社や学校に行かなくなったことにより、人々のストレスが減り、自殺者数が減ったとは安易に言えない。しかし「会社は万病の元説」は昔からあった。健康になりたいなら酒や夕バコなんぞを止める(や)よりまず会社を辞めた方が良い。そもそも会社のストレスで、ストロングゼロを静脈に直接打つ勢いで痛飲している人間だって大勢いるのである。

しかし諸悪の根源である会社を辞めると、今度は経済不安によるストレスや、飯が食えなくなるという物理で健康を害してしまうという、狂っているとしか思えないシステムを人間自ら作り出してしまったため、我々はデフォルトでちょっと病（ビョウ）であり、大人になると調子が良い日というのが基本的にない。もちろん体に悪いのは会社だけではない。人によっては学校も悪いし、ＰＴＡや自治会の集まりなども相当悪い。

つまり「社会」、そして「他人」は体に悪いのである。

前回、他人の目があるからこそ人は人でいられる、という話をした。他人に会うから、風呂に入り服を着るのである。他人の目がなく家から出ないという「ひきこもり」状態になると、裸族とまでは行かないが「パンイチ」など少なくとも衣服という文明が「退化する」のは確かなのだ。

ちなみに、在宅勤務になったことにより「ウンコをもらしやすくなった」という統計が出ている。統計は言い過ぎたが、少なくとも二人ぐらいは漏らした奴を確認しているのでG理論で行くと60人ぐらいは漏らしていると言える。

これはコロナウィルスが肛門括約筋に影響を与えるというわけではなく、在宅勤務により、いつでもトイレに行けるという安心感から我慢しすぎたり、他人がいないことにより、安易に屁をこき勢いで実弾が発射されるという事故率が上がったからだ。

つまり、気の緩みから尻の穴も緩んだということである。何も上手いことは言っていないが、他人の目がないというだけで、人は漏らさなくて良いウンコまで漏らしてしまうのである。逆に漏らして良いウンコとは何だ、というとディープな話になってしまうので、この話はこれ以上掘らないが（尻だけに）他人の目がないと、いとも容易く人間は人間の尊厳を失ってしまうということだ。だからといって動物になるというわけでもない。お動物様だってそうそうウンコは漏らさないのだから失礼である。つまりただダメな生物になってしまうということだ。

しかし他人の目というのはいわば「緊張感」である。緊張感があるから隙を見せないように服を着るし、尻も締めるのだ。

それが生きるハリになっているのも事実だが「緊張状態」というのは当然ストレスであり、心身ともにストレスこそが万病の元である。よって社会の中でも緊張感が強い会社は特に体に悪いし、会社の人間と上手くコミュニケーションが出来なければ緊張感はより増していく。そういう、自ら周囲を触るものみな傷つけるギザギザ職場にしてしまっている人間にとって、今回在宅勤務になったことにより、緊張感から解放され仕事ができるようになったというのは、やはり救済であったのではないか、と思う。

会社にとっても社員がストレスで退職や休職というのは不利益でしかない。せっかく働き方が多様化したのだから、できれば社員個別にストレスが少ない仕事環境を与えた方が、会社のためではある。

ひきこもりも社会問題の一つにされてはいるが、よく自殺があったあとに「死ぬぐらいなら逃げれば良かったのに」と言われる。完全な結果論であり、そういう人はすでに逃げる気力すらなくなっているのだが、逃げた方が良いというのは確かであり

「ひきこもり」というのはまさに「逃げ」の一つである。つまり誰とも会わず社会と関わらずひきこもる、という行為も場合によっては必要なのだ。そういう回復期間の人間を無理矢理外に出すと、それこそ死の恐れが出てくる。

　では、ずっとひきこもってノーストレスで生きて行けば良いような気もするが、「ひきこもり期間が長くなるほど、社会に出た時のストレスが増す」という弊害がある。つまり「お外怖い、人怖い」状態になってしまい、急に社会や他人と関わらなければいけない事態になると、極度のストレスを感じることになるのだ。

　今回、外出自粛によるストレスで死んだという人は多分いないと思うが、逆に今後「外出推奨」という状態になったら、ひきこもりが大量死する恐れがある。

　ひきこもりは、陸という社会より家の中という水の中の方が快適に生きられる生き物である。しかし、一生水から出ないということも不可能なのだ。たまには陸に上がって肺を鍛えておくことも、ひきこもりには大事なのである。

## ③ ひきこもりなりに人間関係を磨け！

「ひきこもり」というのは、基本的にコスパの良い生き方である。

外に出なければ金を使わないという話ではない。外出自粛により通販や課金にはまり、コロナの被害を受けたわけでもないのに給付金おかわりをお上に祈るしかなくなっている人間もいるぐらいだ。外にいようが中にいようが金はいくらでも使える。しかし、同じ金を使うにしてもひきこもりの方が圧倒的に「自分のため」に使うことができる。そして金だけではなく「時間」もほぼ自分のために使うことができるのだ。

「ひきこもり」というのはだいたい一人でやるものである。「二人でひきこもり」というのはある意味一人よりも絶望感が漂う。今にもこうせつがフォークギターを弾き出しそうだし、窓の下には神田川が見える。

よってひきこもり体質の人間というのは、外界が苦手であると同時に「一人が好き」な場合が多いのだ。言い方を変えれば「孤独に強い」ということであり、これは「無限にＹｏｕＴｕｂｅやｐｉｘｉｖを見ていられる」の次に、ひきこもりの大きな能力の一つである。

孤独というのは想像以上に人の精神を蝕むものであり、パートナーが構ってくれないという寂しさから浮気をし、さらに「寂しがらせた方が悪い」という義務教育を終えているなら言わないであろうことまで言わせてしまったりする。孤独な老人の中には、生保レディ（42歳）と話すためだけに言われるがままに保険に入ったり、それはまだマシな方で、中には人間と喋りたいという理由だけでクレーム電話を繰り返す人間もいるという。

つまり孤独というのは、人間の脳みそを液状化して鼻から出させる力があるので、孤独にやられた人間は著しく知能と倫理観がなくなり、他人に迷惑をかけ、己の首を絞め、時には金すら失うような行為をさせてしまうのである。

その点、ひきこもりはパートナーが不在で寂しがるどころか「今日は帰らない」と言われるや否や、全裸になって全身にスパンコールをまぶし始める。

それはそれで知能が下がっているような気がするが、テンションは上がっており「今夜のソロパーティーナイトをどうすごそうか」と、両手にスマホとニンテンドースイッチ、股間にリングフィット アドベンチャー状態になるので「寂しい」などと言って、マッチングアプリを立ち上げることはまずないのだ。「孤独」を「自由」というポジティブなものと捉えられるのはひきこもりの長所といえよう。

しかし、逆にいえば、ひきこもりは、自分に金や時間を全ブッパして人間関係への投資を怠っているとも言える。人間関係への投資は、投資先を間違えると本当に金と時間をドブに捨てた上にマイナスにすらなるが、適切に投資すればリターンはちゃんとある。

では、人間関係の投資を怠ったひきこもりが、どういう時困るかというと「困った時」である。

私は今でこそ生粋の無職のひきこもりだが、2年前までは会社で事務員をやっていた。だが社内でも私は「ひきこもり」であった。出社した瞬間に便所に籠って出てこないというわけではない。必要最低限の仕事だけして周りの人間とも必要最低限の会話しかしなかったのだ。できるだけ他人と関わらない、というひきこもりスタイルを社内でもやっていたのである。仕事は大して難しくもなく、周囲との連携が必要というわけでもないので、平素はそれでも事足りるのだが、仕事というのは虎舞竜がつきものであり、なんでもないような事が幸せだったと、その時気づくのである。

こういう時に人間関係への投資が生きてくる。平素から同僚や上司とコミュニケーションが取れていれば、ミスをしてもすぐ報告や相談ができるが、取れてないと問題を「とりあえず自分の中だけに保留」にしてしまったりするのだ。皆さんも、自分の中だけに保留し続けた問題が爆発して大問題になっている奴を、一度は見たことがあるのではないだろうか。普通の人なら「何故もっと早く言わなかったのか」と思うだろうが、そういうタイプは言う以前に「誰に言ったらいいのか」すらわかっていないのである。人間関係に投資しておくことで、困った時、周囲への頼りやすさが格段に変わるのだ。

人は一人では生きていけないので「周囲に助けを求められない」という状況を自ら作り出してしまいがちなひきこもりは、何もない時は自由で快適だが、何か問題が起こった時、問題を一人抱えたまま沈みがちなのである。

時間も金も貴重であるから、できるだけ自分のために使いたいと思うものだし、ひきこもり体質の人間は特にその気持ちが強い。しかし、それを続けていると、困った時頼るところがないという大きな「孤独」を感じることになり、鼻から脳みそがマーライオンの如く噴射されることになる。

ひきこもりは孤独に強い。しかしひきこもるという行為自体が、ひきこもりの孤独耐性をもってしても太刀打ちできない孤独を生み出すことにもなる、ということを覚えておこう。

## ④ 起床時間に気を付けろ!!

緊急事態宣言による外出自粛要請により、在宅勤務や待機などで一時的にひきこもり生活になった者に話を聞くと、会社より集中出来た、これを機に資格の勉強と乳首の開発に勤(いそ)しんでみたなど、ピンチをチャンスや性感帯に変えた意識の高い人間もいるにはいる。

しかし、どちらかというと、仕事が全然捗(はかど)らない、気づいたらツイッターをやってしまっている、いとも容易く昼夜が逆転した、風呂に入らなくなった、太って乳首が陥没した、という人の方が多い印象である。

つまり、ひきこもり生活のメリットは、居心地の良い場所に一人でいられるため、自由でストレスが少ないという点であり、デメリットはそれ故に「堕落しやすい」という点である。

堕落は無気力を引き起こし、無気力は精神的にも肉体的にも万病の元である。

今後運良く2兆円を手に入れるなどして、完璧なひきこもり生活が出来るようになったとしても、堕落から無気力に陥ってしまったら、会社なる毒沼に浸かっているよりも早死にしてしまう恐れがある。

それはあまりにもバカらしい。そうならないためには「自由を律する」という「拳銃による和平」みたいなある意味矛盾した行為を行わなければいけない。

だからと言って、堕落する自信があるタイプが綿密なスケジュールを立てても続くはずがなく、むしろキツく縛った分だけ、解き放たれた時二度と戻ってこなくなってしまうのだ。よって最初は「要所」だけ決めた方が良い。

まず大事なのは「起床時間」だ。

ひきこもり生活のメリットというのは裏を返せば全部デメリットなのである。

ひきこもりの最大のメリットといえば「出社時刻がない」、つまり「朝好きなだけ寝ていられる」という点だと思うかもしれない。その通りなのだが、そこをあえて、起きる時間は決めた方が良い。そんなのマグロのトロを捨てて、メガネっ娘のメガネを粉砕するようなものではないか、と思うだろう。しかし、それを差し引いても、ひきこもりには人間のコスプレをしたり、満員電車で体を75％に圧縮される煩わしさがないのだからそれで良しとして、起きる時間と、仕事や家事などの活動開始時間は厳密に決めた方が良い。「おわり良ければすべてよし」というが、ひきこもり生活はどちらかというとはじまりの方が大事である。

例えば、朝目が覚めて、ひきこもりの醍醐味二度寝をブチかまし、次目が覚めた時「11時半」とかだったら「今日はもういいか」となってしまうのである。もちろんいいわけないのだが、何しろ投票権を持っている奴が一人しかいないため、そういう法案が簡単に通ってしまうのである。仮にそこから仕事をはじめたとしても、大きく遅れをとっているため、終わるのが午前3時とかになってしまい、そこから昼夜が逆転してしまう。

だが、スタート時間さえ厳密に守れば、その後ある程度堕落しても、その日絶対やらなければいけないこと、ぐらいは終わらせることが出来るし、寝る時間もそこまで狂うことがない。

そして、飯と風呂の時間も決めておいたほうが良い。

あまり意識されていないが、飯や風呂というのは生活のメリハリを作り出す効果がある。断食道場をした人のレポによると、食事がないことにより、一日に区切りというものが存在せず精神的に辛かったという。区切りというのはある意味ゴールなので、それがないのは、何に使うかわからん穴を掘り続けるのと同じである。飯を抜くというのは、健康だけではなく精神的にも極めて健康に悪いのだ。

そして、意外と忘れがちなのは「休憩」を取ることである。

気づいたら、ソシャゲやツイッターをやっているのだから、むしろ休憩しかしていないのでは、と思うかもしれないが、冷静になってほしい。ブルーライトで網膜を焼きながらロミオメールまとめなどを見る行為が、何故「休憩」などと言えるのか。「気づいたら寝てしまっている」という人は、仕事は捗らないかもしれないが、ある意味健康であり、「何も進んでいないのに何故か疲れている」というひきこもりの多くが「全く休憩を取っていない」というトライアスロンに挑戦してしまっているのだ。

また、ひきこもりには土日という概念がない。これは休もうと思えばいつでも休めるというメリットでもあるが、逆に「休みがなくなる」というデメリットでもある。

現に私は、無職になって以来「この日は一日何もしない」という日が一日も作れないまま2年経ってしまった。会社勤めをしていると、まともな企業であれば、この日は休めと会社が決めてくれるが、ひきこもりは、休みすら自分で作り出さないといけないのである。

つまり、スケジュールを決めて行動することが大事なのだが、仕事や家事など気乗りしないことのスケジュールを決めても、やる気になるわけがない。

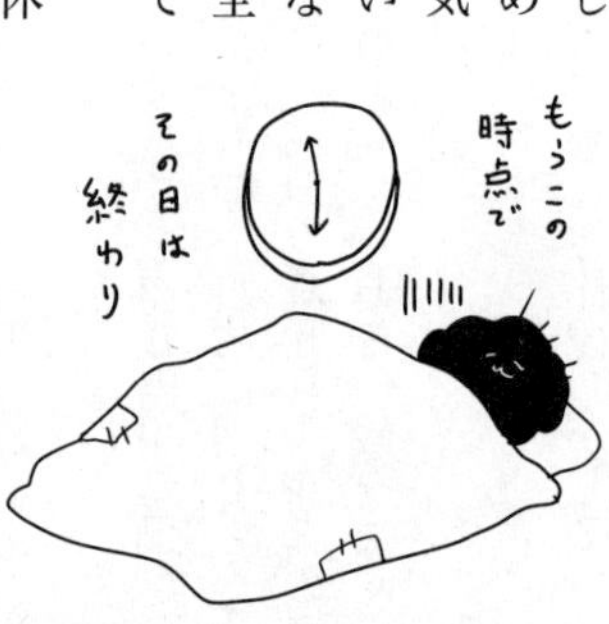

よって、開始時間だけは守り、あとは飯とか、この時間にはオフトゥンに入るなど、楽しい方の予定を先に立てればそれまでの時間を潰すために、仕事なる暇つぶしをしないこともないのである。

# ⑤ひきこもりは時間を無駄にする悪循環になりがち説

「馬鹿どもに車を与えるなっ!!」

美味しんぼの登場人物海原雄山（かいばらゆうざん）の希代の名言である。

この「雄山」の名に恥じない雄々しい初期雄山の姿を知る者からすれば、後半の雄山は嘆かわしいとしか言いようがない。しつこすぎる息子の嫁と、伝家の宝刀「孫」の懐柔によりすっかり丸くなってしまった。昔の雄山なら己の孫にすら「貧乏人の子どもには米国の揚げた芋でも食わせておけ」ぐらいは言うはずである。

そんなありがたいお言葉と同様に「陰キャに時間を与えるな」という言葉がある。ネガティブな人間に無駄に時間を与えると、暗いことばかり考えて勝手に鬱になってしまうのだ。忙しくてももちろん鬱なのだが、時間が出来たら出来たで「よし時間が出来たから手首でも切るか！」となってしまうのが陰キャというものである。

よってそういう人間に時間を与えても自壊するだけなので、まだ地下室で奴隷が回している謎のアレでも回させておいた方がマシなのである。

今回の自粛ひきこもり生活でメンをヘラってしまった人は、それと同じような状態になってしまったのではないか、と思う。家で一人、外にも出られずやることもなく、入ってくるのはテレビやネットからの暗いニュースだけとなったら、暗くない人間でも気づいたら「悪い想像」ばかりして不安になってしまうのだ。

そもそもひきこもり生活というのは「己の悪い想像」との戦いなのである。

ひきこもりは、ひきこもることにより社会や他人という外敵がいない生活を勝ち取ったはずなのである。だが何故かそのうち、戦闘民族サイヤ人としての血が騒ぎだしてしまうのか、わざわざツイッターとかでちょっと腹だたしいニュースを仕入れてきて、それを脳内で「我が好敵手」になるまで育て上げ、どちらかが死ぬまで戦い始めるのである。もちろん両方自分なので、自分が死ぬ以外の結末はない。何故そういうことをしてしまうか、というとやはり「他にやることがない」からである。

今忙しい人は、家にひきこもって一日中何もせず過ごしたい、と考えているかもしれないが、それを続けすぎると、暇すぎて己との電流金網デスマッチを始めてしまい、病院（心）に担ぎ込まれることになる。よって、どれだけ時間があっても「夜は焼きそばにして、残りはパンにはさんで朝食べよう！」というような明るいことしか考えないというタイプ以外は、ひきこもり生活において「何もすることがない時間」というのはあまり作りすぎないほうが良い。

つまり、趣味でも何でもやることを作った方が良い、ということだが、ここでも少し注意が必要だ。

リアルシャドーと戦うぐらいなら、ゲームしたりアニメでも見ている方がマシなのだが、一つぐらいは「クリエイティブな時間の潰し方」を作った方が良い。

テレビを見たりゲームをしたりといった、「他人が作ったものを消化するだけの時間」というのは長時間続けすぎると頭がぼんやりしてきて、そのうち「無気力状態」に陥ってしまうのである。そうなると、もはやゲームやアニメを見たりする気も起きなくなるし、ましてや仕事や家事など、気が乗らないことなど全くする気が起きなくなる。

つまり、やることがない、ではなく、やることがあるのに出来ない状態になってしまうのだ。そしてやるべきことをせずに何をしているかというと、ソシャゲの周回などひたすら単純作業、もしくは暗い事を考えてしまい「キャラが全部自分の大乱闘スマッシュブラザーズ」の開幕である。

よって、一日のうちわずかでも、自分の頭を使うクリエイティブな時間を持った方が良い。クリエイティブといっても、作詞作曲歌い手オレ、みたいな高度なことはしなくても良いのだ。

もちろん、漫画を読んだら今度はそのキャラを使って、自分で吐き気を催すほど卑猥な漫画を描いてみるなど、クリエイティブかつ他人の脳まで刺激してくれるような活動が出来ればそれに越したことはない。だが万人にそれが出来るわけではないので、例えば料理とかでもいいし、ゲームをするにも攻略サイト通りに指を動かせば終わる、というようなものではなく、「お前以外はあつまれどうぶつの森」みたいな名前のゲームのように、自由度の高いものを選んでみるのも良い。映画を見た後、ネットに感想という名の自分のお気持ちを長文で書いてみるというのも十分クリエイティブである。

どうしても何もする気が起きず、ネガティブなことを考えてしまうというときは、潔く「寝る」というのも大事である。

アルコール依存症治療でも、どうしても飲みそうになったら、睡眠薬を飲んで寝るという力業が推奨されているぐらいなので、無駄に暗いことを考えて鬱になるぐらいなら、意識を失った方が良い。しかし、することがないから寝るための酒を飲むということを繰り返すと、今度はアルコール依存症になってしまう可能性がある。

つまりひきこもり生活は上手くやらないと、鬱かアルコール依存症かという地獄の2択になってしまうということだ。

そういう時は「外に出る」という第3の選択肢も視野に入れてほしい。

## ⑥ランチに誘われたくないが誘われないのも凹む

ひきこもり生活のメリットは、社会や他人とあまり関わらなくていいという点だが、逆にそこがデメリットでもある。

まず、ひきこもりを志す時点でコミュ力が低いというのに、社会や他人と接しないことで、ますます社会性やコミュニケーション能力が右肩下がりになり、ついでに骨盤も歪む。社会や他人と関わらないで生活が出来ているならそれでいいじゃないかと思うかもしれないが、いつもは良くてもいざという時に詰む。何せ最近のコロナ禍で「外に出るな、他人と接触するな」という、今まで経験した事のない号令が世界的に出されたぐらいだ。逆に「全員外に出て3人組をつくれ」というトラウマ号令が出る可能性だって十分にある。

今回はたまたま「ひきこもれ」という方針だったからひきこもりには無影響であったが、その逆が起こったらひきこもりは即死であり、「家から出るぐらいなら死を選ぶ」という殉死が相次ぐだろう。

つまり「ひきこもり」になることで、社会や地域、他人との連携が不可欠な事態になった時、困ることは明白であり、最悪命を落としかねないのだ。

また、社会や他人と関わりたくなくてひきこもりになったのに、いざそうなってみると、社会や他人と関わりがないことがストレスになってしまったという、何をやっても幸せになれないタイプもいる。

ひきこもりになる人間はおそらく、社会にいるとき「疎外感」を感じていたと思うが、たとえ社会から逃れることが出来ても疎外感から逃れることは出来ず、むしろ一層増してくる。

私も、会社という社会から逃れて無職のひきこもりになったことにより、「みんなが俺を置いてランチに行く」みたいな集団の中の孤立から逃れることは出来た。

ちなみに、みんなとランチに行きたいわけではない。むしろそんなことをしていたらソシャゲの体力が溢(あふ)れてしまう。誘われたら誘われたで、「俺の1本満足バーをかじりながら脳死周回というプレシャスタイムを奪うんじゃねえ」とご立腹なのはわかっている。

余談だが田舎の人間は大体自家用車で通勤しているので、昼食時に「便所飯」ではなく車に籠城する「車飯」をすることが可能だ。これは都会の人間より一歩先んじている点だろう。だが、それだけ一人でいたいと思っていても「誘われなかった」という事実は心に暗い影を落とすのだ。「孤独」や「寂しさ」というものが人類にとっていかに脅威かわかる。

私も会社を辞めて自由を手に入れたはずなのだが、家の前が不幸にも「公園」なのである。公園利用者にとっては公園の前に私が住んでいる方が不幸だろうが、私も不幸なのだ。何故なら、自室の窓から公園で遊ぶ子どもと、子どもが遊んでいる間、井戸端会議をしているママ友の集まりが見えるからである。それを見るたびに、「これが社会性だ」と言われているような気分になるのだ。私にその輪に入ることは出来ない。入ることがあるとすれば、何らかの理由でジョーカーのコスプレで腕をぐるぐる回しながら突っ込んで行く時ぐらいのものだろう。もちろん外に出て立ち話など全くしたくないのだが、何故か羨ましさと疎外感を感じずにいられない。

そして疎外感は「このままでいいのだろうか」という焦りにつながる。

実際、経済的自由を手に入れセミリタイアをした人でも、この疎外感に勝てずに結局社会復帰してしまう人も多いらしい。

永遠の休みを手に入れ、毎日遊んで暮らそうとしても、遊んでくれる友達の多くは労働という名のマゾ行為に没頭しているのである。

生物的に見れば一日8時間、週5で労働している方がどう見ても変態なのだが、みんながそうしているのを見ると、自分の方が異常に思えてきてしまうのだ。みんなが全裸だと、全裸にガーターベルトとハイヒールだけ履いている自分が急に恥ずかしくなり、心もとなくなるのと同じである。特に日本人は「みんなと同じ」であることに安心感を得る国民性である。よって自由より「みんなと同じ」という安心感のために、結局不自由な社会の中に戻っていく者も多いという。

私も会社員時代はもちろん辛かったが、「普通の人のように週5で会社に行っている」ことが、自分を支える大きな自信であったことは確かであり、それを失った時は「いよいよだな」という気がした。

しかし、多くのセミリタイア民、無職、ひきこもりが口をそろえて言うのは「それも1年ぐらいで慣れる」ということである。

最初は、みんなが働いている平日昼間に自分はブラブラしていて良いのかと罪悪感があり、日中外に出られなかったりするそうだが、1年ぐらい経てば、平気でテスト期間中の中学生のように、平日昼間のフードコートに出没出来るようになるという。

結局、どこに行っても孤独や疎外感から逃れることは出来ない。ならばひきこもったことにより増した疎外感より、得た自由を謳歌（おうか）した方が良いだろう。

もしひきこもりを始めたばかりで、どうにも孤独で落ち着かず、自分はひきこもりに向いていないのかもしれないと思っている人でも、1年は続けてみよう。新しく入った会社にすぐ慣れないように、ひきこもりも慣れるまでの時間が必要なのである。

逆に「1年で手遅れになる」とも言える。

これも会社と同様、「慣れるまで頑張ってみる」というのも大事だが「早めにやめる」という決断も時には重要である。

## ⑦ バックレても大丈夫なコミュニティに参加すべし

ひきこもり生活を送る最大の難関は経済面であり、奇跡的にクリアしても今度は外部とのコミュニケーションをどうするかという、ある意味経済よりも大きな問題が立ちはだかっている。つまり「社会性のあるひきこもり」という「清純派ヤリマン」みたいな存在になるよりは、普通に外に出て生活するほうが5億倍簡単なので、それが出来る人はそっちを選んでほしいと思う。

今回はひきつづき、ひきこもりのコミュニケーション問題について話したいと思う。

本当は、労働せずにひきこもる「不労所得編」の話をしたいのだが、前進がないので仕方がない。むしろ後退しているような気さえするが、これは高く跳ぶために一旦しゃがんでいるだけだ。しゃがみ過ぎて、足がプリッツみたいに衰えてきており、立てるのかどうかさえ不安になってきているが、リスクのない投資はない、むしろノーリスクを謳う投資は全部詐欺と思った方がいい。ウマイ話には乗らない、というのもひきこもるには大事なことである。だが、成果が出ていることもある。

先日から、ひきこもりのネバーランドことコンビニでの散財を防止するため、アマゾンで菓子をまとめ買いし、コンビニ、そして外に出る回数を減らす作戦に出たが、効果は抜群であり、月1万円以上は使っていたであろうコンビニ費を半分以下にし、外出回数も大幅に減らすことが出来た。

ただ、そうしている間にも私の証券口座は6桁のマイナスを表示し、さらにその5倍ぐらいの税金が引き落とされたりもしている。

私の人生、3歩進んでムーンウォーク、という感じだが「自粛期間中に通販をし過ぎてコロナ破産」という、コロナにとっては言いがかりでしかない報道があったように、通販はひきこもりを脅かすもののように見えるが、上手く使えばさらにひきこもり生活が捗るということだ。

そして、コミュニケーション問題だが、これはどちらかというとひきこもった後に起こる問題である。

洞窟で暮らす生物の目が退化しているように、使わない機能というのは衰える。ひきこもりになり、他人とコミュニケーションをとらなければ、ただでさえ低いひきこもりのコミュ力はさらに退化してしまう。

目が退化した分、耳が発達した生物がいるように、ひきこもりも言語能力が退化した分、皮膚の色で意思を伝えられるように進化すれば良いのだが、人間ほど進化が止まっている生き物はないのでそれは難しいだろう。

コミュ力に限らず、ひきこもり生活で体力や足が衰えたら、家が燃えたとしても逃げることも出来ないし、敦盛(あつもり)も舞えない。それと同じように、コミュ力も衰えたら結局いざという時困るのである。体力面については家にルームウォーカーを設置して、せめて二足歩行が可能なように日々訓練している。

それと同じように、家が燃えた時せめてしかるべき相手に「オレノ　イエモエテルトテモアツイ」と伝えられるぐらいの訓練は必要なのではないだろうか。

他人とコミュニケーションをとるのが嫌でひきこもったのに、今度は自らコミュニケーションの練習をしなければいけないという、再びムーンウォークな気がしてならないが、必要に迫られたコミュニケーションよりは気が楽かも知れない。

だが、気をつけなければいけないのは練習の場である。間違っても町内のソフトボールクラブに入ってはいけないし、家の前の公園の井戸端会議に参加しようとしてもダメだ。

そもそも何故ひきこもりになったかというと、会社などに「いづらくなったから」である。つまり、近しいコミュニティに入ってもそれが原因でまた「いづらくなる」可能性はかなり高い。会社なら辞めるということも出来るが、住んでいる地域にいづらくなるというのは致命的過ぎる。コミュ力の訓練で引っ越す、というのは本家マイケルでも「神よ」と天を仰ぐ後退ぶりである。

よってコミュ力を高めるために、何かしらのコミュニティに所属するとしたら「いつでもバックレ可能で、後腐れがない」ものにした方がいい。

前にいた会社も自分のせいで極めていづらく、最終的に四面デスメタル状態だったのだが、逃げるように辞めたあと、その後もその人間関係が生活に響いているかというとそんなことはない。

逆に言えば今、会社をバックレるように辞めたとしたら当然悪口は言われるだろうが、それが自分の耳に届くことはないし、それが今後の人生にも大きく影響するということはほぼないのだ。

よって、もう会社が辛くてメンのヘルが限界だという人は、バックレでもいいからとにかく辞めた方がいい。ともかくコミュ力の訓練をするなら、住んでいる地域からは少し離れた習い事ぐらいがいいということだ。

ただし、田舎の場合、少し離れている程度では意外と筒抜けだったりもする。

孤独死などの問題を救うのはそういう「地域の絆（きずな）」だったりするのだが、ひきこもりの生活を邪魔するのもそれだったりするし、逆にその絆に入れなかったことが死因になる場合もある。

ひきこもりになるなら、住む場所の「絆度」もチェックしておいたほうがいいかもしれない。

まぁ
ゆっくり
行きましょう

## ⑧「弁護士の友人」をチラつかせるのは悪手

若干古い話になるが、アメリカ大統領戦が一応終わった。しかし、なかなか終わらなかったので、もしかして、どんなに差がついても参ったと言うか、大将の首を獲るまで終わらないという将棋ルールなのかと思ったが、双方首がついたままで選挙自体は無事終わったようである。

しかし、終わったはずなのに敗北は認めず、「今度は法廷で戦おう」などと言っているのを見ると、改めて「切腹」を美徳と思っていたような日本がこんな国に勝てるわけがない、と再確認出来た。

だが「そういうの」がありなら、今後は自分も打ち切りを宣告されるたびに「アクセス数やアンケートに不正があった」として争う構えを見せる欧米式を取り入れようかと思ったが、ドナルド（ノットハンバーガー）が「争う」と言ってセクシーな雌ヒヨウの構えをしているのは、争える金があるからである。

日本でも、何かというと訴訟や「弁護士の友人」の存在をチラつかせる人が増えて来たが、おそらくそういう人は訴訟に金がかかるということを知らないし、友人でも弁護士には報酬を払わなければいけないということも知らないのだと思う。もし「お友達価格で」などと言ったら、その弁護士は友人ですらなくなるだろう。

また、勝てば費用含めてプラスに出来るかもしれないが、当然負ける可能性もあり、むしろ自分の金で相手の方が正しいと法的に立証してしまうことにもなりかねない。

つまり「訴える」というのは「無双出来る」という意味ではないので、ドナルドのように勝つまでやれそうな財力がなければ安易に言わない方が良い。

などといかにも米大統領選に興味津々な風だが、選挙結果というよりは己の株の行く末が心配なのである。結論から言うと、6桁あったマイナスがなくなり（プラスとは言っていない）一安心したのだが、何故マイナスがなくなったのかはよくわかっていない。

どうやったら株価が上がって何が起これば下がるのか、理解していない時点で株はやめた方が良い気もするが、日本株の場合、企業の公式アカウントが悪ノリして燃えると下がるということはわかったので、ぜひ、今株が高騰している企業のアカウントは会議室で定期的に開かれているお葉っぱパーティの様子などをアップして、お手頃価格になっていただけると助かるし、社長がセンターで周りに新入女子社員という配置だとなお良い。

このように、人間は金が絡むとモラルが著しく低下してしまう。

自分もひきこもり生活が維持出来なくなってきたら、犯罪に手を染めてしまう可能性が十分あるので気を付けなければならない。

何度も言うように、ひきこもりは家にひきこもっているのが本人にとって一番良く、社会のためにもなっている場合が多い。しかし、最終的に行政の世話にならずにひきこもりとして生きるというのが、難しいのも確かである。

読者の中にも、あきらかに自分はひきこもり向きであり、アシタカとはノリが違う人間ということも重々承知だが、それでも森ではなくタタラ場という名の社会で生きていきたいと思っている人は多いだろう。

それは実に正しい判断だが、あまり無理をしてアシタカの「元カノのプレゼント新カノにあげたったｗｗ」みたいな武勇伝に「すごいっすね～」と無理して合わせていたら疲れてしまうし、結局森にひきこもった上に、タタリ神という名の新聞に載るタイプのひきこもりになってしまう。そういう、根はひきこもりだがタタラ場にも出ている人は、とにかくタタラ場でのストレスを減らすことが重要である。

社会でのストレスといえば大体人間関係なので、タタラ場でストレスを感じている人は自分のことを「コミュ症」と思っている人が多いと思う。

世の中には「自称コミュ症」だが、実際は「症」などというレベルではなくもはや「瘴（しょう）」まで画数を増やすべきレベルの人もいるが、逆に自分をコミュ症と勘違いし、そう思い込むことでストレスを感じてしまっている人もいる。そういうタイプは、考え方次第でタタラ場での生活が楽になる場合もある。そもそも、会社勤めが出来ている時点でそこまで重症ではない。

世の中には定時に会社に存在することすら無理であったり、あいさつも出来ないという、加藤鷹（かとうたか）に言わせれば、コンドームをつけられない男レベルの中出し社会不適合者も大勢いるのだ。さほどコミュ症でない人間が自分をコミュ症と思い込む原因は、自分の発言の「得点」ではなく、「失点」の方ばかりを見ているからという可能性がある。

職場での会話など、用件が無事伝えられれば100点なはずである。そこに「オフっ」とか「ファっ」などの奇声を入れてしまい、85点ぐらいに減点されたとしても十分上出来の部類だ。ホンモノのコミュ症というのは、まず伝えなければいけないことすら伝えられないものだ。

しかし、家に帰って思い出すのは「15点の失点」だけで、85点取れたという部分には全く目を向けないので「今日の自分の発言はマイナス15点」となってしまい、俺はなんてコミュ症なのだ、と思い込んでしまうのだ。

このように、タタラ場で生きづらさを感じている人間の中には、一日の終わりに「今日タタラ場であった嫌なこと」だけを思い出して、何度も反芻（はんすう）しているタイプが一定数いる。本当に外で嫌なこととしかないなら仕方がないが、楽しいこともあったのに嫌なことだけ思い出していたら、「外に向いてない」となってしまうのは当たり前である。もし、苦痛で仕方がないが外で生きざるを得ないという人は、まず外であった嫌なことを「思い出さない」ことから始めてみてはどうだろうか。

そして万が一楽しいことがあったなら、そっちを味がなくなるまで、どころか、消滅するまで噛（か）み続けてみよう。

# ⑨将来、汚部屋に死す……かもしれない

ひきこもり生活というのは、コミュ症にとって、身の回りの事が自分一人で出来る内は非常に快適なものである。

問題は自分一人では手に負えない事態が起こった時である。

長いことひきこもりを続けていると、外部との接触が100均のスマホ充電器ぐらい脆弱(ぜいじゃく)になっているため、まず「助けを求める相手が思い浮かばない」し、思い浮かんだとしても「全員故人」というケースが出てくる。

仮に当てがあったとしても会話能力も衰えているため、自分の言葉で「たまたま全裸で腰を降ろしたら、たまたまメトロン星人のソフビ人形があり、そのアナルに入るためにデザインされたとしか思えない形状から、ジャストフィットしてしまい抜けなくなったので、助けてほしい」などと、状況を相手に理解してもらうことができなくなっている。

さらに、昔エヴァで鳴らした綾波(あやなみ)レイさん(89)も「半世紀以上ぶりにコックピッ

トに入ると緊張する」と言っていたような気がするように、長く触れてないものに触れるというのは、緊張と恐怖を伴うものである。さらに相手が「人間」という、ある意味この世で最も恐ろしいものであればなおさらだ。ちなみに「一番恐ろしいのは人間」ということは、映画『デビルマン』が端的に表現していると思うので参考にしてほしい。

よって、長年ひきこもっていた自分が助けなど求めても、相手にされないのではないか、怒られるのではないか、最悪猟友会に連絡が行ってしまうのではないか、という悪い想像ばかりが膨らみ、なかなか救援要請に踏み切れなかったりするのだ。そして、自分で助けを求めに行けるなら良いが、助けに来てもらわなければいけない時に発生する問題が「周囲の状況」だ。

簡単に言えば「部屋の汚さ」である。

「部屋が汚くても死にはしない」というのは、部屋が汚い奴の常套句(じょうとうく)だと思うが、はっきり言って「死ぬ」。最近それがよく分かる出来事があった。

「朝起きたらパソコンの電源が入らなかった」

ただそれだけのことなのだが、このパソコンには、途中まで進んだ原稿のデータや、既に仕上がったもの含め「全て」が入っているのである。そして私は「常に緊張感を持って仕事をしたい」というタイプなのでバックアップなどという命綱、またはコンドームは用意していない。

簡単に言えば「死」である。もしデータが復旧出来なければ、来月あたりの仕事が2、3個飛んで、餓死しかねない。

しかし、幸いパソコンは朝起きたら一握の砂になっていた、というわけではなく、ただ電源がつかなくなっただけだ。修理すればまだ活路はある。問題は誰が修理するかという点だ。

私はこれだけパソコンおよびインターネットに依存しているが、パソコンの知識はほとんどない。たまに諸外国で素人が良かれと思って美術品を修復しようとして、pixivでブクマが2しかつかないような別作品に書き換えてしまうという事故が起こる。

つまり、素人の修理というのは「破壊」を意味するのだ。

私も出来ればDIYで何とかしたいと思い、コンセントが鼻やケツ以外に刺さっていることを確認し、パソコンに付着している埃を落とすなどはしてみたが「埃すら多すぎて取り切れない」ということがわかっただけで、当然電源はつかないままである。一刻も早く修理を頼むべきなのだが、前述通り、しばらく外部の人間と接触していなかったため、業者に電話をかけるのにすら1時間程度の躊躇が生まれてしまった。心肺停止しているのがパソコンではなく人間だったら、確実に手遅れになってしまっている。

そして、救助要請を迷った理由はもう一つある。「部屋が汚い」のだ。

とても自分以外の生命体を入れて良い部屋ではない。緊急事態にそんなことを気にしている場合かと思うかもしれないが、この「世間体」を気にして死ぬ人は結構いるのである。

風呂に入っている間、火事が起こり、せめてヒートテックぐらいは着てから逃げようとして逃げ遅れたり、生活に困って福祉の助けを借りようにも、汚い家に家庭訪問されるのが嫌で申請出来なかったりするのだ。ちなみに我が実家でも、部屋が汚すぎて人を入れられず親父（おやじ）殿の介護認定が受けられないという問題が起こっている。

このように「他人を入れられない家からは事件と死人が出やすい」のである。

こんな大事な時になりふり構っていられるか、と言われるかもしれないが、認知症の老人ですら、他人が家に来た時はＣＥＯみたいな顔つきになるという。

「世間体」というのは死ぬまで残るし、日本人は特にそれを大事にするため、「外聞」を気にして死んでいく人間はかなり多いと思われる。

結局私も、部屋を掃除するのにさらに1時間かかってしまった。幸い相手はパソコンだったので2時間ほどロスしても息を吹き返すことが出来たが、人間だったら確実に死んでいる。

また、我が家はまだ私の部屋だけが汚いだけだったので何とかなったが、もし玄関から私の部屋までも腐海に飲まれていたら「諦めていた」と思う。

諦めた先は餓死である。

もしひきこもりになるなら、コミュ力が落ちるのは仕方がない。しかし、部屋はキレイにしておけ、これで助かる命がある。

# ⑩ 緊急事態にこそ大切なのは落ち着き

昨日か一昨日あたりに再び首都圏で緊急事態宣言が発令された、らしい。

日付はもちろん、本当に発令されたのかどうかすら確信が持てないほど、2回目の緊急事態宣言は盛り上がっていない。バズった映画の続編を作ったが全くウケず、後にファンから「なかったこと」にされるヤツである。

しかし前の緊急事態宣言は、国民が真剣に受け止め過ぎていた部分もある。

マスクや食料品はもちろん、ホットケーキミックスまでが買い占められ、高額転売されたり、緊急事態宣言中にもかかわらず外出している輩を、法に代わって自分が裁く、というバットマンから財力と志を奪ったような自粛警察が現れたりと、リアルゴッサムシティと化していた。国民が強い危機感を抱くことで、感染者数が一時期減少したとも言えるが、逆に不安にかられすぎて、起こらなくても良い問題も起こってしまっていたように思える。

それに比べれば、今回の緊急事態宣言に対する反応は「舐めてる」としか言いようがない一方で、京都人に言わせれば「えらい落ち着いて受け止めはって、立派やわ」と捉えられなくもない。

そもそもコロナウィルスに対して、個人で出来ることというのは非常に限られている。自粛に応じない店のシャッターに、閉店後ドロップキックをすればコロナが退散するというなら別だが、必要以上の外出と他人との接触は避け、手洗いうがいをする以外で効果的な行動というのは今のところあまりない。変にやる気になって、「コロナに負けるな！」と叫んだ時点ですでに飛沫（ひまつ）が飛んでしまっているのだ。自分の力ではどうにもならないことをいつまでも不安がっても仕方がなく、それよりは早々に諦めた方が良い。

「諦める」というとヤケクソになったように聞こえるが、逆である。

私が、売れている作家への嫉妬が隠しきれず、常に鼻毛の代わりに憎悪が鼻の穴からはみ出してしまっているのは「自分が売れる」というのを諦めきれていないからである。それが諦められたら楽になって、売れている漫画でも純粋に楽しめるようになり、今頃『無限列車』を無限に見に行っているはずである。

最近、ニソテソドースイッシを購入し、桃太郎電鉄のオンライン対戦を連日やっているのだが、キングボンビーにつかれて物件を全て失い借金を10億以上作り、勝ちを諦めた人間の声は「明鏡止水」と言っていいほど落ち着いている。そして冷静に目的を勝利ではなく「他プレイヤーの妨害」にチェンジし、逆に総資産１００億以上の青年実業家のように、的確にオナラカードやうんちカードを使い始めるのだ。「うんち」ほど青年実業家が言わなさそうな言葉はないが、とにかく諦めた時点で、逆に誰よりも余裕になっているのだ。

それよりも、これからキングボンビーがつくんじゃないかと怯（おび）えているプレイヤーの方が取り乱しており「俺よりあいつにつけた方が良い」など醜い本音を晒（さら）してしまい、危機が去った後、ばっちりヘイトだけ買っているということも多い。

このように、緊急事態であればあるほど「落ち着き」というのは大事であり、その落ち着きを得るためには「じたばたしても仕方がない」という早めの諦めも時には必要なのである。

よって今回の緊急事態宣言下でも、言われなくても落ち着いてはるとは思うドスが「やれることをやったら、落ち着いて正しい情報を得て、適切な判断をしていく」しかない。

やれること、というのは前述通り、むやみに外出せず人間と接しないことである。

つまり今年も、しばらく「ひきこもり」が推奨されるライフスタイルということであり、私にとっては「いつも通りにしておけばいい」ということである。

しかし、今一番安全とされているひきこもりになっても、不安と、不安によるトチ狂いとの戦いは続く。むしろ、今回ひきこもったことにより、不安になってしまった人も多いかと思う。

仕事の都合などで、外出を余儀なくされている人に比べれば、家から出なくて良い人間が不安になることなどないだろうと思うかもしれない。だが、今はネットがあるので、家から出ずとも情報はいくらでも得られる。そして情報ばかりが入ってくる一方で、一人でひきこもっていると、他人との交流がないため、情報交換や、他人の意見を聞く機会は激減してしまっているのだ。

周囲に人がいれば「考えすぎだ」と諫(いさ)めてもらえたり「その情報は間違っている」と指摘してくれたり、ドストレートに殴ってもらえたりするが、ひきこもりにはそれがない。ネットでも意見交換は出来ると思うかもしれないが、ネットでは己の望む情報のみを集め、自分と同意見の人間だけと交流しがちなのである。

よって、ひきこもりは一度思い込んだり、ネガティブな思考に囚(とら)われると、そこから脱しにくいのである。

そして不安にかられるままに、ネットに攻撃的なことや、不安をさらに煽(あお)るようなことを書きこみ、ウィルスを蔓延(まんえん)させない代わりに、自分が不安をばらまくウィルスになってしまったりする。

今年も大変なスタートであるが、こんな時だからこそ、まずは落ち着くことが大事であり、そのためには、どうしようもないことはまず諦めよう。

コロナには気をつける、だが気をつけても罹る時は罹る、罹ったら適切な処置をしてもらい、もしそれで周囲から糾弾を受けたら、仕方がないので用水路に毒を流して引っ越す。

そこまで諦めておけば、無駄な不安は消え、落ち着いて適切な行動がとれるはずである。

# ⑪ 孤独を感じたら一人焼肉へ行け

「面倒くさい」という感情は人間に様々な死をもたらす。

映画『ファイナル・デスティネーション』にだって、一瞬安全確認をすれば避けられた死が結構あった気がする。全部「何か目に見えない死神の仕業」みたいにされていたが、死神に言わせれば「半分ぐらいはあいつらの〝だるさ〟が原因だし、そっちの方がエグイ死に方をしてますよ」ということなのかもしれない。そして「ひきこもり」というライフスタイルほど、この「だるさ」を育てるものはないのだ。

ひきこもりというのは大体ソロでやるものなので、「人の視線」というものがない。自分の部屋の隅には知らない人がいて、ずっとこちらを見ているという場合は、それが幻覚でも現実でもマズいので早めに対処した方が良い。

人の目があるとどうなるかというと、まず多くの人が服を着ると思う。

それも「2年3組」の「2」にマジックで斜線を引き、上に「3」と書かれている体操服などではなく、人の視線に耐え得る服を着ると思う。場合によっては、風呂に入ったり、ヒゲを剃ったり、化粧をしたり、胸ポケットにツルバニアファミリーの赤ちゃんを入れたりなどの準備が必要になる。それらは、ツルバニアファミリーの赤さん以外はどれも「面倒くさい」と感じることが多い作業である。

だが人の視線がないひきこもり生活では、それらを全部スキップすることが可能であり、全裸で胡坐、その中央に赤さん3体というフォーメーションでも特に問題が起こらないのである。そういう生活を続けると、上記のような「人の視線に耐え得るビジュアルを作る作業」が耐えがたいほど面倒になり、それをやるぐらいなら「外に出ることを断念」するため、ますます社会や人との距離が開く。

もしくは面倒くささから「外に出てはいけない格好」で外に出てしまい、社会や人の方が自分から距離を取るようになる。もしくは裸ルバニアファミリースタイルで外出し、国家権力により強制的に社会から排除されるケースもある。そして、今世間で問題になっている「セルフネグレクト状態」となり、「これは外に助けを求めないと死ぬな」と思っても助けは求めずそのまま死ぬのだ。何故なら外に出て助けを求めるより、死ぬ方が「面倒くさくない」からである。こういう人をＮＨＫのニュースなどで表現する場合は、「生きる気力を失った状態」というのだろうが、もっとカジュアルな言い方をすれば「面倒を極めた人」である。

このように、深刻な問題も、元をただせばくだらない（と思われている）ことから来ているのかもしれない。

長いひきこもり生活により、面倒くささから生きる気力をなくし、社会から「孤立」する可能性は高いが、一方で「一人でいる状態」つまり「孤独」には強くなると言われている。アルコールに強い人ほどアルコール依存症になりやすいというように、むしろ孤独に強い人ほどひきこもりになってしまうのかもしれない。「孤独」も社会問題として取り上げられやすい言葉であり、重みがある。

しかし「生きる気力がない」も言い換えれば「生きるのが死ぬほど面倒くさい」となるように、「孤独」ももっと迫力のない表現が出来る気がする。

「孤独」とは、もしかしたら「暇」なのではないだろうか。

全ての孤独の原因が暇ではないとは思うが、「暇からくる孤独」も確実にあるような気がする。

私が会社を辞めてひきこもり、丸3年外の世界や他人と関わりがなくても「孤独」を大して感じてないのは「孤独に強い」からではなく「一人でもやることがある」からな気がする。

今のご時世、ソシャゲを3つぐらい同時進行していたら「やることがない」などということは滅多にないし、去年からここに「桃鉄」が入ってきたため、もはやキャリアウーマンと言っていいほど忙しい。もしキャリアウーマンが孤独を感じるとしたら、「アタシってば仕事ばっかりして、気づけば婚期を逃しカレシもいない……」などという時ではなく、「久々の休みなのに意外とやることねー！」という時であり「待ってたぜこの時をよお！」と、シン・エヴァンゲリオンを一人で見に行くキャリアウーマンは孤独を感じていない気がする。

暇になると人間はネガティブなことを考えだしたり、「何もしていない」から「自分は世の中に必要とされていない」みたいな、発想の超展開を起こして「孤独」になってしまう場合があるのだ。

よって孤独を感じた時、その正体はただの「暇」かもしれないので、無理に人との繋がりを求め、マルチと不倫に定評があるテニサーに入ったり、元カレに「何してる」とＬＩＮＥを送って股をドルチェ＆ガッバーナする前に、「一人焼肉」などやってみてはどうだろうか。

ソロ焼肉は忙しく、あれで孤独を感じられるのは井之頭五郎（いのがしらごろう）ぐらいのものである。

あと単純に「腹が減っている」というのも、孤独の原因だったりする。

# ⑫ 人の心に必要なのは「やること」

前回「孤独」の原因は「暇」であり、ひきこもりは「孤独に強い」のではなく「一人で時間を潰す能力に長けている」のではないか、という話をした。

美味しんぼの海原雄山の名言といえば「馬鹿どもに車を与えるなっ!!」だが、それと同じように「根暗に時間を与えるな」という言葉もある。

根暗に時間を与えると、ネガティブな考えが止まらなくなり、気づいたら異臭を放つ青紫色の液体になっており掃除が大変だからだ。しかし、ゾンビなどに追いかけられながら「寂しい……リスカしょ……」などと思わないように、暗い人間でも「考える暇」さえなければ、そこまで溶けずに済むのである。

つまり、これからいっぱしのひきこもりになりたいという人間は、暗いことを考える暇がない程度の「時間を潰す術」を身につけておかなければいけないということだ。それを身につけずに「当面の生活費は大丈夫」みたいな準備だけでひきこもると、3日も経たずに「こんな所にいられるか！　私は社会に戻らせてもらう！」と、推理小説で惨殺される人の逆ムーブをすることになってしまう。まだ社会に戻る元気があるならよいが、そのますますっかり病んでしまう恐れもある。

緊急事態宣言で強制ひきこもり生活を強いられた後、すぐにひきこもりに順応した人間と瞬く間に病んだ人間に分かれたのも、一人で家の中で時間を潰す術を持っていたか否か、が大きかったのではないだろうか。

私も既に丸3年ひきこもっており、その間鼻くそとチェイスし過ぎて出血することはあってもリストカットすることはなかったし、むしろ社会に居た時より健康になった。ゆえに自分は一人が向いており、孤独に強い人間だと思っていた。

しかし、台風で「停電」になり、ネットも仕事も出来ず、何もやることがなくなった時、たったの一日で「寝たきり」の状態になってしまった。

このように、人は一人でいることが辛いのではなく「やることがない」という状態が辛いのではないだろうか。

やることがないと暗いことを考えがちになるし、「何もしていない」ということから時間を無駄にしているという焦り、そして「俺は必要とされていない存在」という飛躍に繋がっていく。

何もしていないから、ではなく余計なことをするから周りに必要とされなくなる場合も多いのだが、この「やることがない」というのは、実際人間の心に的確なダメージを与える。
辞めさせたい社員がいる場合は、キツイ仕事を与えるのではなく「仕事を与えず、その場にいさせる」方が速やかに辞めるという。陰惨な「北風と太陽」みたいな話だが、人間は感性が野蛮で大雑把なので、忙しいとそれを「充実」と勘違いしてしまう恐れがあるのだ。それよりも、何もせずにそこにいろ、と言われた方が時間が経たずに苦痛だし、周りが働いている中、自分だけ何もしていないというのは孤独以外の何物でもない。

このように、人の心にとって一番重要なのは他者との繋がりなどではなく「やること」なのかもしれない。

会社で「何もせずに9時5時でずっと座っていろ」と言われたら一刻も早く辞めたいと思うだろうが、そこに「マリオのスーパーピクロス」が一つ与えられるだけで「一生このままで良い」と思う可能性は十分ある。

ひきこもり志望でなくても、昨年来、突然「家から出るな、人と会うな」と言われることが現実として起こってしまったのである。再びそのような事態になっても「ギロと思ったら自分の腕かい！」みたいなギャグを言わないで済むように、「一人で時間を潰す術」の一つや二つは常備しておいた方が良い。

ここで注意しなければいけないのは「一人でやること」というのは「やりたいこ

と」でなければ駄目という点だ。まして「やらなければいけないこと」であってはならない。

「一人の時間が出来たらあのゲームをしよう」というのは、一見「やりたいこと」のように見えるがそうではない。そんなことをしている場合ではないのにソシャゲの周回をしてしまったり、就業中なのに周りの目を盗んでソリティアをやる手が止まらねえ、という経験が誰にでもあるのではないだろうか。

つまり「やりたいこと」は時間がなかろうが、周りに人がいようが「やってしまう」もしくは時間を作って「やる」ものなのである。

「時間が出来たら」とか条件付きな時点で、そこまでやりたいことではなく、いざ時間が出来ても意外とダルくてやらず、瞬く間に「やることがない」の状態に陥ってしまう。まして「時間が出来たら部屋の掃除をしよう」なんてやるわけがないのだ。

もし部屋の掃除がしたいなら、それをやるための体力、気力を溜めるための「休息」と「楽しいこと」の存在が不可欠なのである。停電時はそれが全くなかったため、時間とやるべきことはあっても、やる気がおこらず寝たきりになってしまったのだ。

行動というのは全て「体力」と「気力」を消費して行うものである。「ひきこもり」をするにも当然それは必要なのだ。特にひきこもりは体力が落ちやすいので「気力」が重要になってくる。

「体力を補う気力の限界」と、横綱のような理由でひきこもり界を引退してしまわないように、ひきこもりになる前に、必ず家で一人で出来る「気力回復方法」を確保しておこう。

# ⑬ 人類は意外とスペランカーくらい脆弱

ひきこもり生活の一番のメリットは「安全」である。

今も全世界で大ブレイク中、登場から1年以上たった今でも「変異」などの味変で我々を飽きさせず、第2波第3波とタピオカ以上の超高速サイクルでブームを巻き起こし、やっとワクチンが出てきたと思ったら、今度はそれをめぐって人間どもが揉め始める、という人間必殺（ヒッコロ）ウィルス「新型コロナ」も、一番簡単かつ効果がある防御策は「外に出ない」ことである。コロナだけではなく、感染型の病気予防において「ひきこもる」以上の最善策はないのだ。

また、ひきこもり生活には「外敵」が存在しない。

家の中にいれば「他人」という猛獣を筆頭に、他の動物にも追いかけられたり舌打ちをされることはないし、車輪がついた鉄の塊に突然勝負を挑まれることもない。たまに、小バエが頭上を延々旋回し続けるということはあるが、カラスに突かれるよりはマシである。それに小バエ程度であれば、小林製薬さんの力を借りてタイマンで勝ち越せなくもない。

このように、外にいるよりは家の中にいた方が安全であることは疑いようもない。そもそも「ひきこもる」というのは避難行動の一種である。外より家の中の方が己を守れると判断したからひきこもっているのだ。ブラック企業から逃れるために紛争地域に行こう、という人はあまりいない。

ただし、家の中の方がゴッサムシティなので、それよりは安全な路上で寝る「家出」というケースもある。これは危険から別の危険に逃げているだけなので、周囲による早急な対策と援助が必要である。

逆に言うと、家の中の安全性が高すぎるせいで「ひきこもり」は長期化しやすいとも言える。水も食料もなく、目の前をモヒカンジープが2段階右折していくような状況なら「早く何とかしなければ」と思うが、家の中でとりあえず衣食住が保障されているうちは、「何とかせねば」とは思いつつも「再来週の水曜までには」と先延ばしを続けてしまうものだ。

しかし、どれだけ家の中が安全と言っても、島耕作(しまこうさく)の隠し子のように部屋に小型プロペラ機がツッコんで来たら死ぬし、ひきこもりはせっかく外敵がいなくなったのに、自ら問題を作り出し、自滅してしまうパターンも多い。

まず、ひきこもりは部屋の床に物を置いたり、謎のコードを張り巡らせたりと、自分で自分にトラップを仕掛けがちなところがある。

70歳を越えたあたりから「室内での転倒」は死因ランキング上位に食い込んでくるし、若くてもひきこもり生活で体が弱っていればワンチャンある。逆に言えば、早く身罷(みまか)ってほしい老がいるならとりあえず床に物を置いておけばいい。床に物を置くのはひきこもりではなく性格の問題と思うかもしれないが、ひきこもったことにより他者との交流がなくなると、「自分の部屋に入るのは自分だけ」になってくるのだ。自分しか入らない部屋をいつ他人が来ても大丈夫なように保ち続けるというのは、来るかどうかわからない客のためにスコーンを焼き続けるぐらい難しい。

そして、他人を家に入れないとヤバいという状況になった時にはもう、「他人を入れられる部屋」というのが精神的にも物理的にも存在せず、そのまま死ぬしかないのだ。

「部屋が汚い」というだけで人が死んでしまうように、「面倒」「飽き」「暇」など一見どうでも良さそうな罠(わな)が死につながってしまうことは多い。

つまり人間は割と些細(ささい)なことで死ぬ。1メートルぐらいの段差で死ぬファミコンソフト「スペランカー」は誇張ではなかったのだ。まだスペランカーの方が、電気コードでコケて死なないだけ丈夫である。

家の中に上空から襲ってくる外敵はいないが、その分足元をすくってくるトラップは多い。そしてその罠は大体自分でしかけたものである。自分で自分の家に罠を設置せず、ひきこもりとして健やかに長生きするコツはやはり、来るかわからない客のためにスコーンを焼き続ける心である。

部屋に誰も来る予定がなくても、人を入れられるよう掃除し、誰にも見られてないのに人の視線を意識した服装やビジュアルを維持するという、逆にサイコ野郎の行動がひきこもりの健康を支えるのだ。

おそらく、定時通りに会社に行く生活が嫌で、会社をやめてひきこもりになりたいと思っている人は多いと思う。

しかし、ひきこもりこそ「規則正しい生活」が求められるのだ。

ひきこもりに近い「セミリタイア」生活を送っている人も、すぐに精神を病んで社会復帰してしまう人と、苦も無く続けている人に分かれるというが、続けている人は大体「規則正しい生活」をしており「目が覚めた時に起きます」という人はあまりいないのだ。しかし「決まった時間に起きる」ということが出来るのも、「会社の定時」という制約あればこそ、だったりする。「起きなくていいし、誰にも怒られないのに毎朝決まった時間に起きる」というのは、会社に定時出社するより難しい。会社員であれば、定時に出社しないと「怒られる」というペナルティがあるため嫌でも起きるが、ひきこもりにはそれがないのである。

その「他人からの怒られ」こそが大きなストレスであり、ひきこもりになる原因の一つなのだが、逆にそれが「定刻を守る」などの「社会性」を人に与えているとも言える。つまり他人はこちらの命を奪う外敵でありながら、人間らしい生活を支えてくれる協力者でもあるということだ。

よってひきこもりになっても、いざという時のため、部屋には自分以外の人間が最低一人は入れるスペースを確保しておこう。

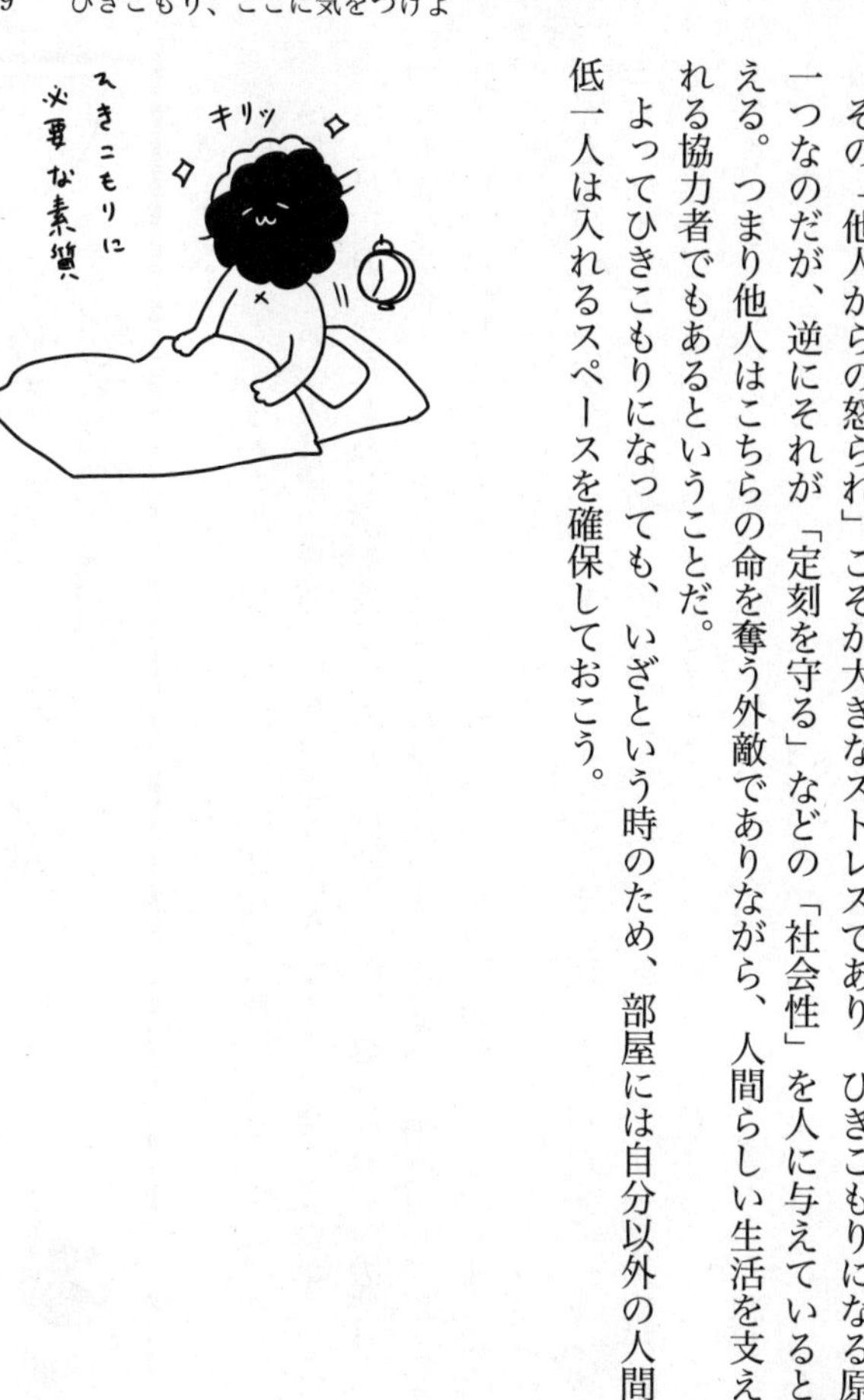

## ⑭ 必ずしもネガティブが悪ではないが

思い込みが強く、考えすぎてしまうタイプはひきこもりになりやすい。

ひきこもりというのは社会や他人に強い恐怖を感じている場合が多いが、それも隣の席に呂布（りょふ）の生まれ変わりが配置されてしまうなど、強い恐怖体験が原因でひきこもってしまう場合と、これと言った決定打はなく、小さな恐怖の積み重ねでポイントカードがいっぱいになってしまい、特典の「ひきこもり」をゲットしてしまう場合に分かれる。

ただ、思い込みが強い人間であれば、ネロの生まれ変わりに遭遇するチャンスを待ったり、小さな恐怖の回数をこなさずとも、たった一回、わずかな恐怖を得るだけで、それを己の脳内で培養、増殖させ、さらにそれを何度も反芻することにより他人や社会に強い不信感をいだき、ひきこもることが可能なのだ。もっと手練（てだ）れになると、一回目の恐怖すら、現実ではなく脳内で錬成することが出来るようになるが、それはすでに専門家の力が必要な段階なので今回は除外する。

つまり「負の感情の燃費が良すぎる」タイプはひきこもりになりやすく、ひきこもりにならないにしても、極めて幸せになりづらい。

よってひきこもりや不幸になりたくなかったら、悪い思い込みがはじまったら、自分で「これは思い込みだ」と気づいて思考を止めるか、第三者の意見を聞いてみた方がいい。もし「それは思い込みではなくマジでお前は嫌われている」というセカンドオピニオンを得ることが出来たなら、それはひきこもるのが最善の対処法なので自信をもってひきこもろう。

しかし一旦ひきこもりになってしまうと、この「他人の意見を聞く機会」というのが激減してしまい、さらにひきこもりは時間を持て余し気味なため「己との対話」時間が激増するため、思い込みはさらに強くなりがちなのである。

よって、ひきこもりから社会復帰したい、もしくは健康的にひきこもりを続けたいなら、自分を客観的に見て、自分で自分に「君、それは考えすぎだよ」と意見できるようにならなければいけない。それを声に出して言うようになったら、再び専門家がアップをはじめそうな気もするが、一人でいろんな考え方が出来ないと、ひきこもった上に陰謀論にハマる恐れがある。

ただし「悪い方向に考えすぎてしまう」という性質は、行きすぎるとひきこもりの原因になったり、専門家がベンチコートを脱ぎ捨て軽いジャンプをはじめる事態になりかねないが、その性格自体が必ずしも悪い、というわけではない。

おそらく悪い方向に考えすぎな人のことを、「ネガティブ」と呼ぶのだと思う。

では「ポジティブ」になれば解決するかというと、そんなことはないはずだ。まず「ポジティブになりたい」と思うこと自体、ネガティブな自分を否定しているのだから、その発想の時点で相当ネガティブである。「ネガティブじゃなければ即死だった」と、ネガティブを肯定することこそが真のポジティブだ。ネガティブな人間が無理にポジティブを目指すと、「ポジティブになれない自分を責め続ける」というこれ以上なくネガティブな状態になる恐れがある。

そもそも、ポジティブもネガティブも一長一短あり、必ずしもネガティブが悪でポジティブが善というわけではない。ただネガティブに振り切り過ぎるのが問題なのだ。

つまり「ポジティブ」も過ぎれば毒ということである。

ネガティブな人間というのは相手の言葉を何でも否定的に捉えがちだが、逆にポジティブな人間は全て好意的に捉えがちなのである。

つまり「うるせえ」という意味で「元気があってよろしおすな」と言われたら、そのまんま「褒められた」と捉え、もっと元気になってしまったり、お茶漬けを出されても「いきなり手料理を振る舞うなんて俺のことを好きに違いない」という、事件につながりかねない勘違いをしてしまう恐れがある。こういうタイプは、はっきり言わないことが美徳とされ「空気を読む」ことが求められる日本では逆に生きづらかったり「無神経」と思われてしまったりする。しかし何せポジティブなため、無神経だと思われていることにも気づかず、自分のことを「ムードメーカー」と思っていたりするのだ。

つまり、ポジティブ過ぎる人間は自己評価と他人の評価が乖離（かいり）しやすく、気が付いたら勘違い野郎として孤立している場合があるのだ。

片やネガティブな人間は周りに「使えない人間」と思われていたとしても、自己評価が「虫」だったりするので「自分が思っているよりは周囲に評価されている」ということになる。

またネガティブな人間は「何をするにも最悪の事態を考えがち」だが、この「最悪の事態を考える」というのは、リスク管理において、最も重要なことでもある。

つまり、事故を防ぐのはネガティブな発想なのだ。もちろん成功をイメージすることも大事だが「成功することしか考えてない」と、成功以外の結果に対処出来ない、つまり「打たれ弱い」のである。ここで失敗を「ダメだこりゃ！　次行ってみよう！」で片づけられるほどポジティブなら良いが、中途半端なポジティブだと挫折から立ち直れない可能性がある。

逆にネガティブな人間はまず最悪の結果を考えるため、最悪な結果、もしくは想像を超えた最悪でないかぎり「思ったより良かった」ということになる。だがもちろんネガティブが過ぎると「最悪を避けるためには〝やらない〟のが最善」という発想になり、行動力がゼロとなり、それこそひきこもりになってしまう。

行動力やチャレンジ精神に関しては、やはりポジティブな人間の方が優れている。

つまり、ネガとポジはどちらが良いというわけではなく、「バランス」が大事なのだ。

ネガに行きすぎていると感じたら、ネガをポジに反転させようとするのではなく「目盛りを少しでもポジに寄せる」ことを考えた方が良い。

世の中には「バックで前進するタイプの人間」もいるのだ。そういうタイプが無理やりギアを前にして進もうとすると逆に後退し、船越(ふなこし)の前を横切って東尋坊から落ちるだけなのである。

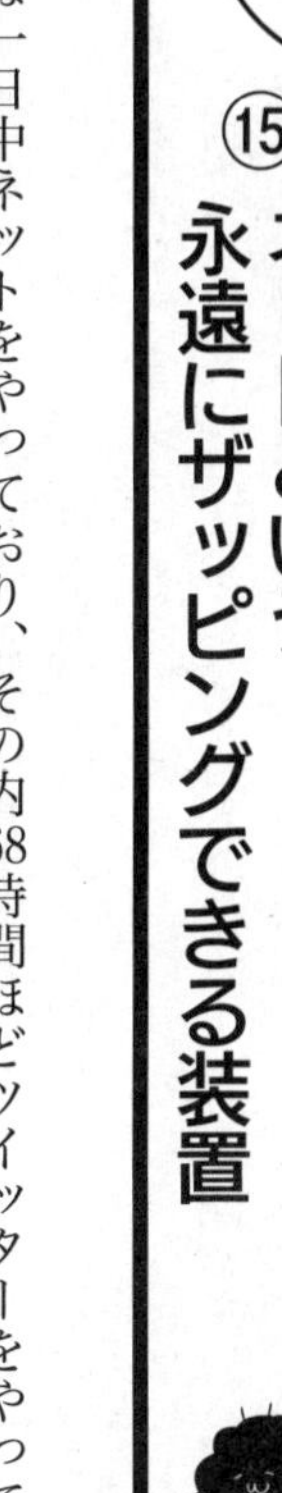

# ⑮ ネットという永遠にザッピングできる装置

私は一日中ネットをやっており、その内68時間ほどツイッターをやっているのだが、テレビは全く見ない。

テレビとネットは同列で比較されることも多いが、その性質は大きく違う。簡単に言えば、テレビは落ち着きがない奴には完全に不向きであり、片やネットは落ち着きがない奴のために作られたとしか思えないツールだからだ。

テレビだと、こちらのやる事と言えばスイッチを入れてチャンネルを選ぶぐらいであり、あとは頭カラッポで口を開けて画面を見ていればOKである。他にやることがあるとすれば、たまに口に入ってくる羽虫を取り除くぐらいだ。落ち着きがない奴というのは、頭カラッポで口を開くまでは得意なのだが「じっと画面を見る」というのが非常に苦手であり、気づいたら羽虫を自ら追いかけに行ってしまうのである。

もう少し落ち着きがあるタイプでも、ちょっと退屈だと思ったらチャンネルをザッピングしまくり、3分ぐらいで「おもしろい番組ねえな」と言ってテレビを見限り、羽虫を追いかけに行ってしまう。

片やネットというのは、永遠にザッピングできる装置である。そしてその間ずっと手や指を動かしていられるため「ケツは重いが頭と手の落ち着きがないタイプ」とは最高に相性がいい。

このように、テレビは割と受動的だが、ネットは能動的なのである。そのため、同じニュースを見るにしても、テレビは「今ホットなこと」をノンジャンルで強制的に見せられるが、ネットでニュースを見る場合、数ある見出しの中から「俺の中でホットそうなもの」を選んで見るため、情報が偏りがちという問題がある。むしろネットを「情報収集に使わない」という選択すら有り得る。

ネットやパソコンはテレビに比べ用途が遥かに広く、仕事や勉強、コミュニケーションなど様々な有益なことに使うことができる。逆に言えば鬼女板を一日ROMるなど、無益なことにいくらでも時間を使えてしまうのだ。

ひきこもりといったら、一日中暗い部屋でネットに向かっているというイメージがあるかもしれないし、事実そうだったりする。

しかし、何度でも言うが、確かにひきこもりはカーテンを閉めている率は高いが電気ぐらいつける。電気を消すのは「公安が俺を監視している」など、ひきこもりとはまた違うステージに行ってしまった者だ。

だが、ひきこもりが一日中ネットやパソコンに向かっているとしても、何をやっているかは人それぞれである。仕事や勉強をしている者もいれば、一日中駆け出しアイドルのリプ欄に粘着している者もいるのだ。

ネットの普及によりひきこもりが増えた、という説もあるが、昔であれば家にひきこもった瞬間即社会や他人と断絶だったのに対し、ネットが現れたことにより、ひきこもりながらも社会や他人と繋がりを保てるようになったとも言える。しかしネットをどう使うかの選択権は本人にあるため、成功すると卑猥な絵が出てくるブラウザブロック崩しゲームに一日興じたりと、ずっとネットをやりながら何とも繋がらないということも可能なのだ。

つまり、ネットをどう利用するかでひきこもりの明暗が分かれると言ってもいい。有益に使おうと思えばいくらでも使えるが、無限に時間をドブに捨てられるというのもネットの特徴である。卑猥な絵が出てくるブロック崩しゲームなどの誘惑に耐える精神力がひきこもりには求められるのだ。

そういった意味では、羽虫追いかけタイプの私は全くひきこもりに向いていない。会社をやめて、執筆の仕事がはかどるかと思いきや、逆に卑猥なブロック崩し系の方に時間を無限に捨ててしまい、逆に今の方がスケジュールが厳しくなっている始末だ。

時間を自由に使える、自分のペースで仕事ができる、というのはひきこもりやフリーランスの最大の利点だが、最大の欠点でもある。羽虫追いかけタイプがフリーになると、全く時間がコントロール出来ず仕事が破綻するのはもちろん、食事や睡眠の時間も破天荒になってしまい、健康まで害してしまう可能性もある。

刑務所は自由が全くないが、その分強制的に規則正しい生活をさせられるため健康にはなる、と言われている。

会社勤めは不自由だが、給料が保障されている上、無料で、ある程度スケジュールを管理してもらえていると言えなくもない。他人の目があるのも煩わしいが、他人の目があるからこそ辛(かろ)うじて律することができていることも多々ある。

よって他人の目がなくなると前述の通り、生活が乱れ健康を害す、もしくは健康だけど、心身共にゴリラになる可能性があるのだ。だからゴリラ化を防ぐため、フリーランスの中には「監視役」として人を雇っているものもいるらしい。

逆に言えば、社会に出るだけで、無料で監視役を使えるということである。

羽虫追いかけタイプにとってこれ以上得なことはない。落ち着きがないと自覚がある人間はひきこもりになる時は、慎重に考えてみてほしい。

# ⑯ コロナで露呈した薄皮一枚でつながった関係

この連載がはじまったのも、コロナの影響でみんなが強制的にひきこもらざるを得ないという状況になったからだったような気がする。

今風、と思っているがすでに腐っている可能性がある言い方で言うと、「ひきこもりしか勝たん」ということだ。ひきこもりにとっては完全な追い風であり、自分のサイド髪で全く前方が見えないという逆レボリューション状態である。

つまり、コロナはひきこもりにある意味良い影響を与え、ひきこもりが世の中に肯定されるきっかけになったということである。

そう思って久しぶりにネットでひきこもりについて調べたところ、「コロナがひきこもり問題を悪化させた」という話ばかり出てきて「これが認知の歪みというやつか」と思いがけずアハ体験をしてしまった。

今あなたが「いじっている」相手はその行為を「いじめ」と思っていないだろうか、執拗（しつよう）に下ネタを言い続けている女性は喜んでいるのではなく、3ヵ月寝かせた炊飯器を開ける時の顔をしていないだろうか。自分の認識が、他人や世間一般とかけ離れたものでないか、我々は定期的に見直す必要がある。

つまり、コロナはひきこもりにとって向かい風のリアルレボリューションであり、西川ニキなら耐えられたが、若干弱っているひきこもりには耐えられるものではなかったようである。

ちなみにニキは長男だそうだ。

しかし、私のように「これで誰にも文句を言われずひきこもれるドン！」と確変顔になった者もいるのだから、元気になったひきこもりもいないことはないだろうと思ったのだが、それは既にひきこもりとして悟りを開いてしまっている、ひきこもり界のブッダだけで、まだ現世に未練があるひきこもりにとってはトドメ、そして現世に戻るために努力していた者にとっては大きな壁になってしまったようである。

つまりひきこもりを脱するため、少しずつ外界と交流を持とうと何らかの支援会に参加していた者は、「コロナのため会が中止」になってしまい、せっかく繋がった社会との縁を切られてしまったのである。

私のように皮が全く残っていないズルムケのひきこもりには特に影響がなく、むしろ「どう、俺のすごいでしょ、クール？」とその状態を誇るチャンスですらあったのだが、首の皮一枚で社会と繋がり踏ん張っていた人間にとって、コロナはその皮を断ち切り、「真性」にしてしまう上野クリニックでしかなかった、ということだ。

また、ひきこもりにとっては「家族とのつながり」が重要であるため、コロナのせいで家族旅行や外食など家族のレクリエーションが出来なくなったことも悪影響になっているという。

私は、コロナがあろうがなかろうが家族と旅行にいくのは「10年に一回」のレベルであり、親族も全員県内にいるという世界の狭さなので、コロナの影響で家族行事がなくなった、親族に会えなくなったということは一切ない。

こう考えると私は、あまりにもひきこもりとして才能、そして環境に恵まれ続けている。これだけ恵まれているのにひきこもりにならないというのは、金持ちに生まれたのに「敷かれたレールを走りたくない」などと言って、親の所有であるアパートに一人暮らしし、貧乏飯と称してコンビニの金パッケージ商品を食っているような傲慢さを感じる。恵まれた者にはその「恵まれ」を享受し、それを最大限生かして生きる義務があるのではないだろうか。私は現在その才能を遺憾なく発揮した状態であり、コロナはその能力のすごさを見せつける「舞台」であったと言っても過言ではない。

ひきこもりを脱して外で生きようとしている人間は、逆に自分の恵まれた才能をドブに捨てるような真似(まね)をしていないか、今一度胸に手を当てて考えてほしい。

しかしコロナがひきこもりのみならず、様々な「人の繋がり」を断ってしまったというのも事実である。

家族であれば「3年会ってないからもうお母さんではない」ということはないが、中には「顔を合わさなくなった時点で切れる縁」というのもある。おそらく卒業後全く顔を合わさず、そのまま縁が切れてしまった友人がいるという人は多いと思う。

こちらに言わせれば、縁が切れる友人がいただけでもましで、最初からない縁は切れることすら出来ないのだが、仲が良かったのは学校という「毎日顔を合わす場所」があったからであり、それがなくなると途端に疎遠になるケースというのは多い。

コロナ前には「月イチのどうでもいい集会で必ず顔を合わすから、何となく話していた人」みたいな人が結構いたが、コロナにより不要不急の集会が禁じられたことで、そのような不要不急の縁が根こそぎ切れてしまった人もいるのではないだろうか。

しかし、学校やなぜか参加しなければいけない集会で出来る縁というのもバカに出来ないし、むしろそういう強制力でもなければ、好きなだけひきこもり、人との縁が作れないという人間もいる。それを考えると、内容は虚無でも「とりあえず人間が集まる場」というのは、ある意味必要悪なのかもしれない。

しかし、学校やなんかの集会でも、誰とも話さず、終わった瞬間消えている人間というのはどこにでもいる。

人がいる場所にいけば自動的に縁が出来るわけではない、むしろ「不気味な人」として認知される恐れがあり、そういうタイプはまさに「ひきこもりの才能がある人」なので、ひきこもっていた方がまだいい。

# ⑰ 父が風呂場で倒れて気づいた、老人の生存戦略

先日実家の父が、風呂場で倒れているのが発見された。

結果からいうと一命をとりとめ現在は快方に向かっているらしい。

現在コロナウィルスの影響により、基本的に家族でも面会は出来ず倒れて以来誰もリアル親父の姿を見ていないのだが、とりあえず意識はあるようだ。

発見したのは兄で、父が風呂から3時間ぐらい出てこないので様子を見たら湯船で意識を失っていたという。もうちょっと早く気づけよと思うかもしれないが、父は平時から風呂に2時間ぐらい入るため発見が遅れてしまった。

しかし逆に言うと「平時から風呂に3日入る」だったら発見されるのは4日目なのでおそらく手遅れだっただろう、2時間だったからスピーディに発見されたと言える。どちらにしても、父には同居家族が3人いたため「父以外風呂は週1」でない限りは、いずれ誰かに発見されたと思う。

やはり年を取ると同居家族がいる、というのは大きなアドバンテージである。

これが発見されないｖｅｒ．が今問題になっている「孤独死」である。

孤独死で一番多いのは独居老人が父のように何らかの理由で意識を失い、誰にも発見されず、そのままというパターンだ。

しかし、最近現役世代の孤独死も増加傾向だという。

会社員には「出社」という百鬼夜行への参加が義務付けられており、不参加の際は中間管理職のぬらりひょんあたりに「ちょっと祖母の砂かけババアの葬式で……いやこの前死んだのは母方の砂かけババアっす」と断りを入れなければならない。もし断りがなければ、鬼電からの鬼訪問で、少なくとも1週間以内に所在や安否、そして処遇が決定するだろう。

しかしネットの普及、そしてリモートワークの普及により百鬼夜行がなくなり、「そういや小豆洗いが今日来てなくね？」というのがすぐに気づかれづらくなった。

ただ、基本的に人間を信じておらず、何かと人を監視したがるニチャニチャな国民性のおかげで、リモートワークが普及してすぐに社員のサボりを防ぐ監視システムがクソほど作られたため、会社員であればリモートワークでも異変があれば割とすぐに気づいてもらえる。

「マウスが一定時間操作されないとチクリが入る」というシステムが大真面目に出された時は、ディストピアかよと批判されていたが、命を救うのは意外とこういうシステムなのかもしれない。

だが、個人で在宅勤務をしている場合は気づかれづらく、実際、家で仕事をしていた現役世代が、不慮の事故や病気で命を落としてしばらく気づかれないという事例は少なからずあるようだ。

しかし、それでも仕事をしているなら、取引先とかに気づいてもらえるかもしれない。

漫画家だって音信不通になれば担当編集が気づくはずだ。ただ漫画家の場合は、不慮ではなく自発的に音信不通になるケースもあるため、発見が若干遅れるかもしれない。

だがそれよりも発見されないのが、仕事も勉強もしていない、ひきこもりである。

ただ、何もしていないひきこもりというのは何せ何もしていないため生活能力がなく、同居家族がいる場合が多い。ただし、家族とも接触を避けているひきこもりは、スネークばりのステルススキルで家族と顔を合わせないようにするため、同居家族にすら死んでいることが数日気づかれなかったという例もあったそうだ。

独居老人のなかでも、無駄に外に出ているタイプであれば「最近あのババア見ねえな」と周囲が異変に気づきやすいが、片やひきこもりは異変どころか、まず存在を知られていない場合が多い。つまり「突然倒れた時の対策」は、ひきこもりにとって避けては通れない課題である。

幸い日本は独居老人が増加の一途なので、異常があった時に発見を早めるサービスは増えてきている。独居のひきこもりは年齢にかかわらず、異変があった時、それを周囲に伝える方法を元気なうちから考えておく必要があるだろう。

身近なところではアップルウオッチが、転倒ししばらく応答がなければ、しかるべき場所に自動で連絡するシステムを導入しているという。これと同じように、身に着けているものが異変を知らせるサービスは増えているようだ。

しかし、これらには「身に着けていなければいけない」という大きな欠点がある。冒頭を思い出してほしい。我が父は風呂場で倒れていたのである。しかもこれはレアケースではなく、年を取ると風呂で倒れる可能性はかなり高いと思われる。いくら防水性でも時計をつけたまま風呂には入らないだろう、それはアップルを試し過ぎている。風呂にそういうシステムをつける、というのもありかもしれないが、やはり一番確実なのは本人につけておくことである。

結局、おキャット様やおドッグ様のようにマイクロチップを埋め込むのが確実なのではないか。

確かに人間はおキャット様たちより遥かに下等な生き物なので、マイクロチップなど100年早いのは承知の上だ。

だがここは一つ、愚かな人間たちにもおキャット様方とオソロをさせていただくチャンスをもらえないだろうか。

# ⑱ カレー沢家の知られざる歴史

先日実家の風呂で倒れて救急車で運ばれた父だが、その後意識を取り戻し現在はリハビリ中らしい。来年別の病院に入り、そのあとはリハビリのできる施設に入るかもしれないということだ。どちらにしても自宅に帰るめどは立っていない。

父は私にそっくり、というか私が父に似ており、私は自分のことを「父（ライト版）」もしくは「劣化父」と呼んでいる。ひきこもりとしての年季も父の方が断然長く、私が物心ついた時から父はずっと家にいた。

一応自営業なのだが、「本当はお父さんを自分の扶養に入れたほうがいいんだけどお父さんが嫌がるから」という、父親の威厳溢れるエピソードを母から聞いたことがあるので、今思えばほぼ無職だったのではないかと思う。ほぼ無職は私と同じだが、私はいざとなったら夫の扶養に入る気満々なので、この時点で無職としての矜持（きょうじ）が違う。

また私の場合は一応半分は自分の持ち家であり、同居人は夫一人である。

つまり夫という割とヌルい関係性の人間を一人諦めさせれば良いだけだし、「半分は俺の家だぞ！」と所有権を主張することができる。それに対し、父が数十年籠城をキメ込んだのは母の母、つまり父からすれば義理の母が建てた家である、さらにその義母とも同居の状態でだ。エクストリームひきこもり過ぎる。

つまり我が家はサザエさんと同じで、父はマスオさんに当たる。

ただ我が家の構成は、サザエとフネが外で働き、マスオは特に家事をするでもなく家にいて、波平(なみへい)は仏壇、そしてタラちゃんポジションの兄と、何者でもない本来存在しないはずの名状し難いナニカな俺、と磯野(いその)家とは若干の相違がある。

ただいくら父とて、自ら妻の実家の乗っ取りを画策したわけではない。こうなった理由は仏壇にいる波平だ。母は大学時代か何かに父と知り合い結婚、当初は東京あたりに暮らしていたと思われる。

なんでそんなにあやふやかというと、「他人に興味がない」のがコミュ症最大の特徴であり、実の親でもその人生に全く関心がないため「聞いてないから知らない」ことばかりなのだ。

母は一人っ子ゆえに結婚する時にも一悶着(ひともんちゃく)あったようだが、「こんなブスをもらう男は俺しかいない」という父の懇願に、娘の顔を見て「そうかも」と思った波平により、結婚の許しが出た、かどうかは知らないが、とにかく結婚した。

ちなみに当時二人とも「教師」だったそうだ。

いのだ。
つまり、一歩間違えれば、私は東京で両親とも教師という家庭で育ったかもしれな

その環境が吉か凶かは判断がつかないが、凶だった場合、両親と金属バットで殴ったり殴られたりする親密な関係になっていたと思うので、田舎のほぼひきこもりの父がいる半ゴミ屋敷（やしき）で育って本当によかった。しかし結婚して程なくして、波平が突然事故死してしまったのだ。それにより、私から見て母方のババアが突然一人暮らしになってしまったため、それは良くないと父を連れてババアとの同居を決めた次第である。

結婚してすぐ、義実家で義母と同居など普通に考えれば嫌に決まっている。しかしそれを承諾してくれたことに、母とババアは非常に感謝しているようだ。だがそのせいで、ババアは自分の建てた家をほぼ父に占領されてもイマイチ文句が言いづらくなってしまったので、やはりでかい借りなど作るものではない。

私が物心ついた時、両親と我々兄妹（きょうだい）は2階に住んでおり、祖母は1階を拠点としていた。しかし、父の私物で2階が占領され完全に父一人のテリトリーと化してしまったため、母と兄と私は1階へ亡命した。ここで、父が一人2階にひきこもってくれればそれでよかったのだが、父の野心はそんなものではなく、1階に逃げた我々を追撃、なぜか自らも拠点を1階に移し、そこからまた領土を広げ、最終的に我々に残さ

れた部屋は一部屋ぐらいになってしまっていた。そしてすごいのは、そんな異常事態に対し他の家族がほぼ無抵抗だった点である。もし家が父のものであれば、伝家の宝刀「誰のおかげで暮らしていけてると思ってるんだ」が抜けるが、家はババアのもの、収入もおそらく母とババア、そんな丸腰で家をほぼ制圧したのだ。もちろん武力に訴えたわけではない、ただ父はこちらの「抵抗する気力」という武力を奪っただけである。

抵抗というのは「抵抗すればなんとかなるかも」という希望があるからである。

つまり父は、「こいつには何言っても無駄」というオーラだけで家族4人を圧倒し、自宅の無血開城に成功したのである。

そんな父であるから、何十年もかけて築いた自分の城を離れ病院で暮らすのは苦痛と思うが、母談によるとそこまで家に帰りたがっている風でもないそうだ。本気でそう思っているのかもしれないが、今の自分では自宅では暮らせないとわかって、気を遣っているのかもしれない。

このように、ひきこもりも健康で自分のことが自分

でできる内しかできないのだ。

父はついに引退となってしまったかもしれないが、その血と意志を濃く引き継いだ私がいる。だが、まだ一人諦めさせるだけで手一杯だし、2階すらまだ制圧できていない。

偉大な親を持つというのは大変なことだ。

# ⑲ 父のその後。愛され方って大事

前回、私のルーツというか分裂元である父親の話をした。

私の筆力では父の様子のおかしさの5億分の1も伝えられなくて歯痒(はがゆ)いのだが、それでも「思ったよりヤバかった」という感想をいただけたので、父も草葉の手前の一般病棟で喜んでいるだろう。

そんなわけで、去年風呂場で倒れているところを発見され病院に運び込まれた父親だが、無事意識を取り戻し、現在はリハビリをしているらしい。今のところ自宅に戻るめどは立っておらず、今年の正月の集まりは父親抜きとなった。

御年92歳ぐらいの祖母を差し置き父の方が先に離脱するという大番狂わせだが、近年、ババアと父を並べてどちらがよりリアル彼岸島に近いかと言われたらハナ差で親父の方が先に到達しそうではあった。

ネット広告で見る「20代に見える48歳」は大体フォトショップだが、老になると無修正で96歳にしか見えない72歳など、平気で20歳ぐらいこちらの目を欺いてくる。

成長スピードにも個人差はあるが、それよりもヨボリ速度の方が個人差が大きく、70代で足腰が立たなくなる者がいる一方で、新聞の広告欄に必ず一つはドサクサに紛れて入りこんでいる精力剤を見逃さない、足腰以外を勃たせることにも余念がない70代もいる。このヨボリ速度は、若い頃の生活習慣で決まるといわれている。つまり若い頃の不摂生が老になってから「これは深夜2時に食ったラーメン二郎の分！」と自らの体に借りを返しにくるのである。

おそらく、ひきこもり生活はこのヨボリ速度を加速させると思われる。

老化を防ぐのは規則正しい生活と運動、そして他人との会話だが、どれもひきこもり生活では不足しがちなものである。よって、いかに壁を他人に見立てて会話できるかが重要になってくる。まずは壁や天井に人の顔に見えるシミがないか探してみよう。見つかったら次は名前をつける、これでグッと話しかけやすくなる。実際、対面に鏡を置き自分の顔を見ながら飯を食うと、孤食の孤独感が和らぐという結果が出ているらしいので、自分の顔より美人のシミを見つけられればこの問題は解決だ。

母談によると父が急に彼岸島に急接近したのはコロナの影響で父の趣味であるコーラスなどに参加できなくなったかららしいので、残念ながら「外に出て他人と話す」という行為が心身の健康に大きく関係することは否めない。

よってひきこもりにとって「無機物を人に見立てて喋る能力」は必須といえる。

そういう意味では、抱き枕とデートしたり、どこに行くにもぬいを連れて行っているオタクにはひきこもりの才能がある。

そんなわけで今年の正月は父親が不在だったのだが、いないせいなのか、話題は父親のことばかりだった。

先日母に会った時は「そこまで家に帰りたがっている様子ではない」と聞いていたので、私の分裂元ともあろう者が己の巣穴に帰りたがらないとは、親父も本気でヤキが回っちまったなとやや悲しい気分になった。しかし、後日話を聞くと「割と帰る気満々」であり、どのくらい帰る気があるかというと「明日にでも帰る」勢いだったらしい。それに対して母親は「どこに帰ってくるつもりだ」と言ったらしい。これは立場的に「お前の居場所はない」という意味ではなく、前にも話したが我が実家は父コレ（父のコレクション）で大半の部屋が潰れており、他の家族は寝るスペースすら危うい状況なのだ。だが、父は他の家族の寝場所を奪うだけではなく、己の分も奪うという公平ぶりだったため、70過ぎても一年中出しっぱなしにしているコタツで寝るというセルフ虐待を行っていた。

しかし、流石に今の体で戻ってきた上にコタツで寝起きというのは無理である。よって物理的な意味で母は「どこに帰ってくるんだ」と聞いたのだ。

普通に考えれば、出しっぱなしにしているコタツほか、部屋を占拠しているものを片付け、そこにベッドを置くなどが現実的だが、父の構想は「現在兄がいる部屋に布団を敷いて寝る」であった。帰ってくる気だけでなく、まだ他の家族のスペースを奪う気満々なのである、彼の征服王としての魂はまだ消えていない。しかし、そんな父に家族全員呆れつつも「いつも通りで安心した」という空気が漂っていたのも事実である。

父のすごいところは、紛れもない厄介な人にもかかわらず、家族の誰にも「あのまくたばれば良かったのに」と言われてないところである。口に出さないだけかもしれないが、割とみんな「でも生きてて良かったね」みたいな感じであり、私も同意見である。

残念ながら、ひきこもりというのは期間が長くなるほど家族からは厄介がられ、実の親兄弟にすら早くくたばってもらえないだろうかと思われがちなところがあり、それが待ちきれなくなった家族により事件が起きることもある。いくら健康に気を遣い、壁のシミと小粋なジョークを交えながらしゃべれるようになっても、家族に金属バットで殴られれば死んでしまう。

つまり、ひきこもりに必要なのは、厄介なのに周囲に殺意を抱かれない「愛嬌」である。

確かに私のひきこもり方は父に比べて、ユーモアが欠けている気がしてならない。

「もっとチャーミングにひきこもる」

これが今年の目標だ。

# ひきこもりのトリセツ

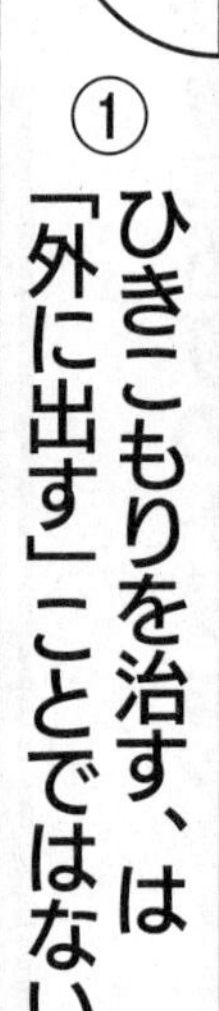

## ① ひきこもりを治す、は「外に出す」ことではない

コロナウィルスの影響で、身を守るための「ひきこもり」が世界的に推奨されている状態が未だに続いているが、今後社会的な意味でも「ひきこもり」が増えるのではという危惧もされている。

何故なら、雨が降ればタケノコが生え、風が吹けば桶屋の二号の車がグレードアップするように、ひきこもりにも豊作の年というものがある。

ただ、ひきこもりは日照時間が少なく湿度が高い年によく生える、と言った気候の話ではなく、影響しているのは「景気」である。

実際、今問題になっている中高年のひきこもりの4分の1という、圧倒的シェアを誇っている業界最大手が「就職氷河期世代」だそうだ。つまり、就職が上手くいかずひきこもった者たちが、そのまま中高年になってしまったということである。

現在もコロナウィルスの影響で、店舗の閉店や企業の倒産が少なくなくなってきている。これから就職活動が難航することが予想され、就職できなかった者がひきこもってしまう恐れもある。

また就活世代だけではなく、コロナの影響で全国的に休校が相次いだため、学力や受験にも影響が出ている可能性が高く、精神的に不安定になっている子どもも増えているようで、学生のひきこもりも増えてしまうかもしれない。

このように、最近は中高年にシェアを奪われつつあるひきこもり業界であったが、この先数年は若年層の獲れ高がかなり期待できるため、再び若者が覇者になる可能性があるということだ。

もちろん笑いごとではなく、そうなったら早急な対応が必要だ。

非正規雇用のまま貧困に陥ったり、ひきこもりになってしまった就職氷河期世代を支援する方策が最近いろいろと出されているようだが、何せもうひきこもってから20年経っているのである。成人式の日に「これ遅くなったけど」と、出産祝いのおむつケーキを渡すぐらいには遅い。

よって、コロナ世代のひきこもりが問題になった場合は、今度こそ早い対応が必要となってくる。

しかし、日本にひきこもりが多い理由は様々あるが、たとえ理由が「社会情勢」という個人ではどうしようもないものであっても、一度コースアウトした人間に対し厳しすぎるというのも原因のひとつである。

30年ひきこもっていた、ということについて、世間は「何故そんな長い間ひきこもることを許したのか」と言うが、まず、その世間こそがひきこもりが社会に復帰するのを許さなかったせいもあるのだ。

マリオカートですらコースアウトしても、ジュゲムがコースに戻してくれるにもかかわらず、日本は何とかコースに戻ろうとするマリオの上に、ドッスンが降ってくるという無理ゲーになっている。広告デザインは無駄な余白があいている方がカッコいいと思っている割に、履歴書に存在する謎の空白期間は許さず「この間何してたの?」からの説教したうえに結局不採用という即死コンボで、やっとの思いで外に出たひきこもりを再び部屋送りにしてしまう面接官が未だに少なくないのだ。

このように、一度ひきこもった人間を社会が拒んでいるため、拒まれた方が家にいるしかなくなってしまったというのも長期ひきこもりの原因のひとつである。

ひきこもりを受け入れる場所も用意していないのに、ただ無理やり外に出させるというのは、誕生日会に呼んでおいて「お前の席ねえから」と言うのと同じであり、ますます外と人間が怖くなるに決まっている。

また、日本にひきこもりが多いのは、とにかく「他人に迷惑をかけるな」という教えが強いせいとも言える。ひきこもる人というのは「自分が傷つきたくない」と思う、自己防衛本能が強い一方で「他人を傷つけたくない」という気持ちも強い場合が多い。自分が傷つかないためなら触るものみな傷つける、ギザギザハートキャッチプリキュアタイプはむしろひきこもりにはならないという。

確かに、私も、会社をやめ、外部の人間と関わらなくなったことにより、人間関係に自分が悩まなくてすむという安堵が大きい。しかし、社会との関わりが薄くなったことに対する危機感はあるし、寂しくないと言えばうそになるが「他人と関わらないことにより他人に迷惑をかけないで済む」という安心感の方がそれを遥かに凌駕しているのである。

このように、社会はひきこもりを問題だと思っているが、ひきこもり当人は自分が社会にいた方が大問題であり、諸悪の根源で、一生家の中にいるのが世の中のためと思っているという、圧倒的認識の差があったりするのだ。よって外に出すよりまず「お前にそんな14年前のエリカ様みたいな力はねえ」という意識を変えさせることから始めなければいけない。
ひきこもりを治すというのは「外に出す」ことではない。
何故ひきこもったか原因を明らかにし、そこを解決した上で外に出すことであり、出すからには居場所も用意しておかなければいけないのだ。

発生してしまったひきこもりをなくすのも大事だが、この国が「ひきこもりが育ちづらい土壌」にならない限りは、いくらひきこもりを刈り取っても次から次へと生えてくるのである。

## ②ひきこもりを強制的に外に出すビジネスのお話

これを書いているのは1月2日である、ちなみにまさかと思ったが、毎週金曜日0時公開のこの連載、本当に1月1日(ついたち)（金）に記事が更新されていた。正月とは一体何なのか。

しかし、漫画家と編集が正月から真の意味で反社会的な活動をしている一方で、堅気には堅気の正月というものがある。

私の親族は双方堅気であり、正月には集会を開く。本来なら私のような反社は遠慮して、年末録画したオールザッツ漫才を今更見ているぐらいがちょうどいいのだが、終始半笑いで余計なことを言わないという条件で末席に居させてもらっている。

我が実家はウィキペディアの「少子高齢化」項目に写真が掲載されていることでおなじみであり、現世より来世に近い人間の方が多いのだが、夫の実家は10代の若人が多い。高校卒業を間近に控えている子もいるのだが、車の免許をとったり、つぶしの効く資格が取れる専門学校への入学を決めていたり、すでに具体的に将来のことを考えていた。私が高校3年の時は「クリエイター」になるなどと、うすらぼんやりとした供述を繰り返すのみだった。今回だけではなく、未だかつて私よりも寝ぼけている高校生には出会ったことがないので、日本はまだ捨てたものではない気がする。

親にとって子どもがちゃんと自立するか否かというのは、一大事である。

子どもがひきこもりになりそのまま数十年経過、８０５０問題に発展し、最終的に80代の親が50代の息子を仕留めるという、ガッツのあるニュースになることも珍しくない。しかし、子どものひきこもりというのは本人の資質や親の教育の問題ではなく、世相も大きく関係している。実際今、８０５０問題の50側を主に担当しているのは、就職氷河期時代にひきこもりになってしまった層と言われている。現在コロナによる失業、就職難が予想され、休校などで精神的に不安定になり不登校になっている子どもも増えているらしいので、ひきこもりも増加する可能性がある。

このように、ひきこもりは各家庭の問題というより社会全体の問題なので、発生してしまった場合は家庭内で解決しようとはせずに、早めに外部に助けを求めた方が良い。しかし、外部に助けを求めろと言っても、外部ならなんでも良いというわけではない。

先日、ひきこもりの息子を「更生」させるため「引き出し屋」に依頼をし、親子関係がさらに断絶してしまったという記事を読んだ。「引き出し屋」というのは、ひきこもりを強制的に部屋の外に出し、施設へ強制入居させる業者のことである。

確かに何十年もひきこもりを放置していると聞いたら、何故無理やりにでも外に出さないのか、甘やかしているからそうなる、とりあえず窓から手りゅう弾を投げこめ、と思うかもしれない。しかし世間がイメージしているような「労働は負け組がすること」「親には製造したものの面倒を最後まで見る義務がある」などと言っている、バルサンでいぶり出した方がいい陽キャのひきこもりというのは少数派である。多くのひきこもりは、まず社会と他人への恐怖、そして社会に適合できない自分への劣等感でひきこもっている場合が多い。そういうひきこもりを無理矢理外に引きずり出すというのは、社会と他人への恐怖を増幅させ、もはや自分は親にまで見放された存在として劣等感を高めるだけの行為な気がする。

むしろ、いきなり部屋に踏み込んできた初対面の人間たちに脇をロックされ、よく知らない場所に強制収容、全ての通信機器と人権を奪われた状態で、謎の反省文、もしくはスピリチュアル臭の強いストレッチを毎日させられてもなお、社会復帰できるような強靱（きょうじん）な精神力があったら最初からひきこもらないような気がする。それで挫（くじ）けないのはジャック・バウアーぐらいだろう。もちろん、ひきこもりなど問題を抱える者同士が共同生活をすることで回復し、社会復帰を果たす例も少なくなく、ちゃんとした施設も多い。

だが「1月1日にジャンプしたから正月俺は地球に存在しなかった」という主張と同じように「部屋から無理やり引きずり出し、部屋に戻れないようにすればひきこもりを脱したと言える」と言い張る暴力的な施設もなくはない。暴力的なだけではなく、藁にもすがる思いの親から多額の料金をだましとる業者もいるという。

もし、家族がひきこもりになったら、早めに外部の手を借りるのは大切だが、そこでチョイスミスをすると、子どもが一生謎の施設から出てこないという「ひきこもる場所が変わっただけ」という事態になりかねない。

親のすねをかじって何十年もひきこもっていると言ったら、おそろしく図太い人間のように聞こえるかもしれないが、繊細だからひきこもっている場合の方が多い。繊細な人間を、菓子パンの如く袋に手を突っ込んで、ガッサーっと引きずり出したら粉々になってしまうのは当然である。

面倒だとは思うが、ひきこもりに対してはたとえ相手がどれだけ小太りな中年でも、硝子の少年に接するように「丁寧」にすることが大事なのである。

## ③ 責めるな、受容せよ

昨日久しぶりに映画館に行った。

ここから映画の感想がはじまるわけではない。何故なら本当に「映画館に行った」以上のことはしていないからだ。正確には「映画館にシン・エヴァンゲリオンを見に行く夫の雄姿を見に行った」とするのが正しい。平素から我々は「映画館に一緒に行って別々の映画を見て帰る」ということがよくあったのだ。双方「相手に合わせる」という発想はないのである。しかし、今回は特に私の見たい映画もなく、さらに私はひきこもりになってから「集中力」が低下してしまったのだ。

何でもひきこもりのせいにするなと思うかもしれないが、結構関係あると思う。「人が見ているから服を着る」ように、人を人にするのは他人の視線であり、なければゴリラ、という話は前にもしたが、ゴリラになるのは見た目だけではなく「行動」も同様である。

会社員であれば、社長のありがたい話の最中に珍しい色の蝶々（ちょうちょう）が飛んでいても、それを追いかけに行ったりはしないと思う。しかし、一人だと追いかけても誰も文句を言わないので、追いかけてしまうのだ。

つまりひきこもり生活というのは、その時やりたいことをやり、気になった物を追える生活なのである。一見自由で素晴らしい生活のように思えるが、その結果集中力が落ちるし「我慢のきかない性格」にすらなってしまうのだ。

それが「何もしなくて良い」という状態であれば、蝶々を3時間ぐらい追いかけていても問題ないのだが、やるべきことがある場合、蝶々を追いかけている内に日が暮れ「何の成果も得られませんでした！」という日が何日も続くようになってしまい、徐々に病むようになる。

リモートワークになったことにより、コピーの紙詰まりや「何もしてないのにPCが卑猥なものを映したまま動かなくなった」と言ってくる人間がいなくなり、仕事がはかどるようになったというケースがある一方で、元から集中力がないタイプはさらに集中力を欠いて病んでしまうというケースもあった。

私も元々蝶々を追いかけがちなタイプであったが、ひきこもりになってからというもの、蝶々を追いかけている最中に発見したでかいウンコに目を奪われ、ウンコにダッシュしている間に見つけた別の蝶々を追いかけるようになってしまった。

よく「2時間もスマホいじらないなんて無理」という言い訳に映画館ファンの人が

発狂していらっしゃるのを見るが、感覚的には私も「そちら側」なため申し訳ないと思う。

よって今映画館に入ったら、そういう迷惑系になってしまうと思うので、映画館まではついて行き、夫がエヴァを見る間「待つ」ことにした。

まさか私が「虚空」を見るという選択肢を選ぶとは思わなかった夫は、コナンを見たらどうだ、るろ剣を見たらどうだ、と私の趣味を微妙に理解した作品を勧めてくるのだが、こちとら映画館に入れぬのである。だが確かに、エヴァを見ている最中、私がロビーでずっと虚空を鑑賞しているかと思ったら集中できないだろう。よって同じ建物に併設されているマッサージを受けにいくことにした。しかし、人里に降りてきたのも久しぶりだし、それもイオソという田舎の１０９に来てしまったのだ。普通店の店員というのはひきこもりにとって、ある意味お母さんよりも会話難易度が低い相手である。だが正直それでも緊張してしまうし、正直「怖い」とさえ思ってしまった。

やはりひきこもりになると、会話能力が著しく下がり、社会や他人に対しより恐怖感を感じるようになるのは確かである。

私のように十数年社会に存在した後、「まだひきこもっていた方がマシだし社会のためになる」と消去法でひきこもりになっているならまだいいが、学生のうちから一度も社会に出ることなくひきこもり続けるというのはやはり問題があるような気がするし、親御さんも心配だろう。

よって、ひきこもりをやめさせるにしろ、ひきこもったままできることをやらせるにしろ、社会からひきこもった状態であるなら対処が必要である。

今一度「ひきこもりにどう対処するか」を調べてみたところ、ひきこもりに対してはとにかく受容が大事だという。つまりひきこもっている状態や本人を「否定」してはならんということだ。

しかし、そうやって甘やかすからいつまでもひきこもりなのだ、という意見もあるだろう。

どんな理由があろうと、家から出ずに何もしてないというのは、毎日働いている人からすれば「怠けている」としか見えないし、決してそのままで良いはずはない。よって「お前は何もせずにひきこもって、なんて怠け者なんだ、そんなことで将来どうする」と言いたくなる気持ちはよくわかる。

しかし皆様のおっしゃることは全部「本人も知っている」のである。むしろ本人が一番、自分はなんて怠け者で将来どうすれば良いのか、と思っている。

よって、周りにまでそれを言われると「やっぱり」と確信に変わってしまうのだ。

そしてそれは解決を早めるのではなく「開き直りを早くさせてしまう」のである。そうなったら何を言われても「親が死んだら俺も死ぬ」という回答しか返ってこなくなり、最悪「周りに迷惑をかけてから死ぬ」という無敵の人を爆誕させてしまう。

つまり「受容」は甘やかしではなく、「どうせ俺なんて」と思っている本人を否定することなのである。

そもそも「将来のこと」なんて、ひきこもりじゃなくても言われたらブルーになってしまい、考えたくないから思考停止になってしまうだろう。

自分が言われてブルーなことは、ひきこもりも同じかそれ以上にブルーになる、ということを理解した上で言葉を選んでほしい。

## ④ 子供が「チーズ蒸しパンになりたい」と言ったら

家族やパートナーがひきこもりで悩んでいるという人もいるだろう。

しかし、それを何とかしようとする前に、それが本当に何とかしなければいけないことなのか見極めてから行動した方が良い。

まず、平素は会社などに行って、休日になるとどこにも行かずに一人で部屋にいるという状態をひきこもりと呼んではいけない。そんなの、うちの娘はコロナ前まで盆と年末に数日姿を消していたが、良からぬことでもしているのではと心配するようなものである。徹夜組や転売ヤーでない限りは止める必要はないし、むしろ干渉することで家族間に大きな溝が出来てしまう可能性が高い。

仮に、会社にも学校にも行っていないという状態だったとしても、奇しくもコロナの影響で仕事も勉強も家から出ずにできるということが証明されてしまったのだ。

誰しも、勉強をしているのにその時の格好が全裸だったというだけでお母さんに「マジメに勉強しなさい！」などと言われたら、勉強する気自体なくなるだろうし、自分のことを理解してくれない親に対して不信感をいだくだろう。

それと同じように、会社や学校に行っていなくても、ネットなどを使って何かしら活動をしているのに「あんたは一日中何もしないで、そんなことでどうするの」などと叱責されたら本当に何もやる気が起きなくなるだろうし、最悪家族を困らせるためだけに「そこまで言うなら外に出てやらあ」と全裸のまま社会に飛び出し、今度は塀の中にひきこもることになってしまう。会社や学校に所属せず外にも出ないという客観的事実だけで、無職のひきこもりと断じて、家族が動き出すのはまだ早い。本当は何かやっているかもしれないし、少なくとも本人的には何かしているつもりなのかもしれないのだ。

「無理解」は時に、「無関心」より本人の負担になる可能性がある。

よって、まずはひきこもってしまった家族がどういう状態なのか見極める、つまり「見守る」必要がある。傍（はた）から見れば一日中ＰＣに向かって遊んでいるように見えても、何かしら勉強をしているのかもしれないし、仕事をしているという可能性もなくはない。

ただし、「うちの子は商品を仕入れて欲しい人に売る仕事をしているようだ」という場合は転売ヤーに落ちている可能性があるので、ある意味ひきこもりより止める必要がある。

観察の結果「ダメだこいつ早く何とかしないと」という作画小畑健状態になったなら早めに家族が対策を考えた方がいいだろう。ただし、対策を講じると言っても、本人に無断でひきこもり矯正施設への入居を決めるなどしてはいけない。

よく、ジュノソボーイなどが「お姉ちゃんが勝手に応募した」と言っていたりするが、これも家族が勝手に本人の将来を決めかねないことをしているという点では、してはいけない行為である。

特にひきこもり相手に「お母さんあんたの写真ジュノソ・スーパーボーイ・コンテストに送っといたから」などと言ったら、その日のうちに新聞に載る事件が起こる。どうにかするにしても、重要なのは家族がどうなってほしいかではなく、本人がどうしたいかなので、まずはそれを聞きだす必要がある。ここで家族の希望をゴリ押しすると、結局自分のためであり、親身になってくれているわけではないと思われてしまう。

そこでユーチューバーやゲーム実況者になりたいと言い出しても、頭ごなしに否定してはいけない。むしろ、会社などに所属するのが向かない人間にとってはありな選択肢である。

それ以前に「やりたいことがある」だけでもマシであり、たとえ「チーズ蒸しパンになりたい」と言い出しても「いいね、美味いし」ととりあえず本人の意思を肯定することが大事であり、「チーズ蒸しパン　なりかた」でググるなど協力姿勢を取った方がいい。

それよりも、何もやりたくない、どうでもいい、という返答の方が問題でありその場合は無理に何かやらせると逆効果なので、何かやる気になるまでもう少し休ませる必要があるかもしれない。これをやってみてはどうか、と家族が提案することもあるが、そこで本人が苦手としている分野のものを勧めると「俺のことを何もわかっていない」と再び心を閉ざしてしまう。

特にひきこもりたての頃は「人間に向いていない」「地球に向いていない」と思い込んでいるし、少なくとも社会に向いてないとは思っている。そんな人間にすぐに「社会に出ろ」と言うのは、「自分の苦しみを全く理解してくれていない」と思われるだけになってしまう。

よって提案するとしたら「チーズ蒸しパン」が正しい。

つまりひきこもりに対しては家族が本人を何とかするのではなく、まず本人の意思を確認し、それをサポートするという姿勢が大事なのである。

しかし本人の希望を確認した結果「流浪人になりたい」、つまり「絶対に働きたくないでござる」という固い意志を表明されてしまうこともある。そう言われたら、つい平手という名の抜刀術を食らわせたり、引き出し屋に直電したくなってしまうだろう。しかし、暴力や強引な手段というのはそれこそ修復し難い溝を生む。

やはり最終的に家族に求められるのは、「忍耐」なのである。

## ⑤ チートゾーンを見つけよう

腫瘍にも悪性と良性があるように「ひきこもり」にも早く手を打っといた方がいい悪性と、医者に「でかくて邪魔臭いけど、特に今どうにかする必要はない」と言われる良性がある。

良性のひきこもりとは何かというと、一番害がないのが「外で生きられなくもないが、家の中が好きだからひきこもっている」というタイプだ。これはもはや「好みによる選択」であり、パンケーキより焼いてない食パンが好きだから食っているに過ぎない。「別に家の中が好きなわけではないが、外が嫌いだからひきこもっている」という消去法タイプは、一見悪性のように見えるが、まだ「経過観察」程度である。私が医者だったら「外が嫌い」という人間より「外での労働と、煩わしい人づきあいが好きです」と言っている人間の方に精神鑑定を勧める。

つまり「外が嫌い」というのは割と「普通」の感覚なのだ。

「外の方が好き」という人も「仲間（ファミリー）とのＢＢＱ」とかが好きなだけ

で、外での社会生活は普通に嫌いな人の方が多いのだ。

問題は外に対する「嫌い方」である。

ただ、面倒、煩わしいから嫌いなら良いが、そこに「恐怖」が含まれていると一気に悪性みを帯びてくる。良性のひきこもりというのは、極力外に出たがらないが、仕事や手続き、家が焼けるなど、必要に迫られれば出てくるのだ。

対して外に恐怖を感じているタイプのひきこもりは、出なければいけない時にすら出てこないので、本人も困ったことになるし、周囲からはさらに社会不適合者と思われる。そして、みなさんも久しぶりにガンダムに乗る時「ブレーキ右だっけ左だっけ」とわからなくなり、ガンダムの運転に不安と恐怖を感じた経験があると思う。

つまり、最初はただ外が嫌いなだけでひきこもっていた人も、長く外に出ないことにより、外での振る舞い方を忘れてしまい、恐怖を感じるようになってしまう。

もちろん最初から恐怖を感じてひきこもっている人間はひきこもり期間が長くなるほど恐怖が増幅され、最終的に家が燃えても出てこないので、そのまま死ぬ。

このように、ひきこもりの厄介さは外に対する「恐怖度」に比例する。

仮に30年ひきこもっていたとしても、社会や他人に対する恐怖がなければ「すみません！　エンターキーって何すか!?」と物怖(ものお)じせず、他人に聞いたり頼ったりできるので意外と何とかなってしまったりする。

逆に能力はあっても、「カードキーを置いたまま退出し締め出された時の対処法をどうしてもパイセンに聞くことができない」というタイプの方が、恐れを知らないポンコツより使えない奴扱いされ、ひきこもってしまうケースもある。

私が「外に出ない方が自分も快適だし、周囲に迷惑もかけないのでひきこもりで何ら問題ない」と言いつつも、どこかでこのままではヤバいのではという気持ちがあるのは、典型的「社会に恐怖を感じているタイプ」のひきこもりだからである。

そう言った意味でいうと、私にとって、漫画家やライターというのは天職である。

これは作家として才能があるという意味では全くない。そういう意味では完全なる選択ミスだ。だが、私は仕事上一番やりとりする相手である「編集者」という人種に全く恐怖を感じないのである。相手は都会の大手出版社に勤める高学歴高収入であり、慶應や東大がガチャで言うところの「R」レベルで出てくる世界である。本来なら、相手の能力が高かったり偉かったりするほど緊張したり恐怖を感じたりするものであり、もちろん私もそうである。それにもかかわらず、何故か編集者だけには、いざとなったら殺してしまえ、というホトトギスオブ信長(のぶなが)スピリッツを持てるのだ。何故と言われたら、理由は全く不明であり、前世で何かあったとしか思えない。

このように、社会や他人に恐怖を感じやすい人にも、何故か平気な「チートゾーン」というのは一つぐらいあるのではないだろうか。

飲食店で店員に「お冷もらえますか？」が言い出せず、口をパッサパサにしているのに、出会った瞬間からブチ切れているクレーマーは平気なので、コルセンの仕事をしているという人もいる。逆に私は「会社の人」には誰彼構わず恐怖を感じやすい方だったので、そういう意味でも会社員には向いていなかった。

　このように社会で生きていくためには自分が何が得意か知るのも大事だが、どんな状況や人間に「恐怖」を感じやすいかを知っておくのも大事である。どんな能力もビビっていたら発揮できないし、ストレスを感じながら長く続けることはできない。

　つまり、ひきこもりから復帰したりさせたい時は、まず本人が「怖くないところ」からはじめさせることが重要である。よって、引き出し屋や強制更生施設のような、恐怖でひきこもりをやめさせるのは本当にやめた方が良い。そういう場に置かれると、ひきこもりでなくても「その瞬間怒られないようにすること」だけを考えるようになる。

「将来」のことを考えて欲しいなら、本人が将来のことを考える余裕を持てる場に連れていくべきだ。

## ⑥これは禁句、ダメ、絶対

ひきこもりを悪化かつ長期化させる原因は社会や他人に対する「恐怖」である。もちろん恐怖さえなければいつでも社会復帰出来るというわけでもないし、ひきこもりが言う「出ようと思えばいつでも出られる」というのは、口元にピザポテトで作ったラメを輝かせているクソデブが言う、「痩せようと思えばいつでも痩せられる」と大差はない。しかし、同じブスでも「なろうと思えば石原さとみになれる」と信じているブスの方がカワイイ、とは口がチーズ状に裂けても言えないが、少なくともさとみが着ていたのと同じ服に己をねじ込む元気さだけはあると思う。たとえ服が弾けとんだとしても、それは弱い服が悪い。

一方ひきこもりタイプのブスは、自分を入れてくれる服にしか入ろうとしないため、余計外に出られる姿ではなくなっていくのだ。

このように、大体の悪性長期ひきこもりは「もう二度と外でやっていける気がしない」と思っている場合が多い。本当に出られるかどうかは別として、本人が無理と思っていたら出られるものも出られない。

ひきこもりでなくても、外や人が怖くて、毎日学校や会社に行くのが辛いという人も多いだろう。

恐怖というのは人間に必要な感情であり、これがないと突然目の前を走るトレーラーに相撲を挑んだり、うまい棒（隠語）を食べさせてあげるという知らないおじさんについていってしまう。人を見かけで判断するなとは言うが、半裸でヌンチャクを振り回している人に近づいて行ってヌンチャクが顔面にヒットしたら、「そんな人間に近づく方が悪い」と自己責任扱いされてしまう世の中である。恐怖という名の警戒心は持つに越したことがない。

しかしこれが行き過ぎると、何も出来なくなってしまうのだ。

例えば私の親父殿は、「乗ったら落ちる」というシンプルリーズンで飛行機には乗らないのだが、これがエスカレートすると、事故るから車には乗らないなど、どんどん行動範囲が狭まっていき、最終的に「部屋から出なければいい」というたった一つの真実にたどり着いてしまう。

幸い現在は、家から出ずともデキることは増えているので、それも一つの答えではあるのだが、逆に言えば家の中で出来ないことは一切出来ないということである。そうなったら突然たき火とかやりたくなった時に困る。それを屋内でやろうとするから、よくある「ひきこもりによる痛ましい事件」が起こってしまうのだ。

よって、外で生きようが中で生きようが、社会や他人に対する恐怖心は過度に持ちすぎないに越したことはないのだ。

ではどうやったら、恐怖心を消せるかというと、それがわかっているなら私だって今頃外でたき火をしている。わからないから内側から自宅に放火することしか出来ないのだ。しかし、外に恐怖を感じてひきこもる過程はわかっているので、それを参考にせめて外側から自宅に火を放てる人間になってほしい。

まず、怖くてひきこもっている人間には、具体的なものに恐怖を感じているタイプと、ボンヤリしたものを怖がっているタイプがいる。前者はいじめやパワハラなど、明確に外で他人に害されたケースである。この場合は、原因から逃げることが一番なので、ひきこもるというのはある意味一番正しい行動だ。

それに対して、外や他人に恐怖は感じているものの、具体的なエピソードを尋ねると「何も出てこない」というタイプが結構いる。というか私がまさにそれである。幸い、ハードないじめや無視を受けた記憶は一切ない。ただ終始、周囲から浮き続け、一貫して「何となく上手くいかなかった」のも確かである。

つまり、何らかの大きな原因で一発ツモのひきこもりになってしまうタイプと、累積からだんだん世の中に対する恐怖を募らせ、徐々に社会からフェードアウトしていくひきこもりがいるのだ。

後者の場合、実際、社会で上手くいかなかった経験には事欠かないのだが、徐々に経験に基づき「こうに違いない」という「思い込み」も発生するようになってしまう。つまり、自分の中で自ら恐怖を増大させてしまっているのだ。悪く言えば考えすぎであり、被害妄想からひきこもっているとも言える。

よってそういうひきこもりに対しては「考えすぎだよ、他人はそこまでお前のことを気にしてなどいない、思い上がるなダボが」と励ましてあげるのが効果的、と思うかもしれないが、実は逆である。

これはひきこもりのみならず、全ての問題に対して言えることだが、悩んでいる人に対し「考えすぎ」はご法度である。一見励ましているように見えるが、考えすぎということは、考えすぎているお前が悪いということであり、そんな妄想に俺の貴重な時間を使わせるなということだ。そんなつもりで言ってないと思うかもしれないが、相手が考えすぎの被害妄想野郎ならそう受け取るに決まっているのだ。

たとえ全てが考えすぎであり「公安が俺のデスクトップをスクショしている」と言っていても、それはそれで「妄想のクセが強すぎる」という問題が起こっているので、何とかしなければならないのは同じである。

よってひきこもりが抱えている不安や恐怖がどれだけ取るに足らないものでも、本人にとっては大ごとなのは変わりないので、「考えすぎ」の一言で一蹴しないことが大事である。

ちなみに「みんなが自分の悪口を言っている気がする」という悩みに対し、ただの考えすぎと思い「そこまで言うなら、周りの声を録音してみればいい」とアドバイスしたところ、本当にみんな悪口を言っていた、ということもあったそうだ。

このように、妄想や考えすぎでない可能性もあるので、どちらにしても「考えすぎだよ」は言ってはならない。

# ⑦ 生活リズムを支えるのはソシャゲ?

コロナウィルスが蔓延したことにより、「コロナ鬱」になってしまった人が結構いるらしい。

コロナに対する不安やそれを巡る人々の諍(いさか)いで精神的にまいってしまった人も多いと思うが、外出自粛による運動不足、暴飲暴食などによりまず体調を崩し、それが精神にも及んでしまった人もかなり含まれると思う。さらに外出自粛生活をすると当然「日光を浴びる時間が少なくなる」。人間は日光を浴びることで脳内に天然合法シャブがキマり、ハイになれるらしい。逆にいえば、日光を浴びないと、シャブが切れてダウナーになってしまうのだ。

人間は基本的に昼行動するように造られた生物なので、それに反するのはやはり体に良くないようだ。それにもかかわらず、人間にはなぜかわざわざ昼夜を逆転させて健康を害す個体が、割と高確率で現れる。他の生物だったら「昼型のフクロウ」など滅多にいないはずだ。

やはり人間というのは、動物の中でも生きるのがダントツに下手な気がする。

しかし、夜働かなければいけない人もいるし、そういう人たちのおかげで我々の生活が成り立っているのも事実である。

それに対し、何の使命もなく昼夜逆転しがちなのがひきこもりだ。ひきこもりというのはまず昼夜が逆転し、次に曜日感覚がなくなり、季節を見失い、最終的に年単位で記憶が飛ぶようになる。

ただし最近は、ソシャゲのおかげで季節だけは見失わないひきこもりも増えてきている。ソシャゲというのは刀剣乱舞以外、水着やクリスマスなどの季節イベントを欠かさないからだ。

つまりひきこもりは生活リズムや体調を崩しやすく、さらにそこからメンもヘリやすいという悪循環に陥りやすいのである。よって、社会復帰する予定、もしくはひきこもったまま健康的に生きたいと思うなら、むやみに時空の旅人にはならないほうがいい。

そもそも、何故ひきこもりは昼夜が逆転しやすいかというと、まずやることがない、もしくはやる時間が決まってないからだ。

人間はいくら昼型といっても、朝スッキリ起きられるという人間は少数派であり、多くはクソネミ、もしくは目覚ましより3時間ほど早く目が覚めてしまい、再びウトウトするころには起きなければいけない時間でやはりクソネミ、という初老である。

それでも何故嫌々起きるか、というと定時に学校や会社に行ったり、もしくは行くふりをしてハロワや公園に行くという、やらなければいけないことがあるからだ。学校や仕事がなくても、家族の弁当を作ったりという役目があれば起きる。

逆にいえば、役目がなければ起きないし、むしろ起きる意味がない。

よって、好きな時間まで寝るようになるので、まず起きる時間が不定期となり、そうなれば寝る時間も定まらなくなってしまい、気づいたら世間と時間の流れが半周ぐらい周回遅れになっているのだ。

私も無職になってから、寝る時間がかなりフリースタイルダンジョンになってしまっているのだが、それでも朝は夫の朝食を作ったりするので決まった時間に起きて、決まった時間に二度寝をブチかますという規則正しい生活を送っている。これがもし、一人暮らし、もしくは夫が全部自分で支度して音もなく出勤していくようだったら、完全に昼夜逆転しているだろう。しかし、そうだったとしても朝、会社というサバトへ向かう夫の手前、起きるだけは起きるような気はする。

実は昔は、二度寝も夫が出ていくまでは我慢していた。よって、何一つやることがないひきこもりでも、同居家族と繋がりがあればある程度それに合わせて生活するため、そこまで昼夜が逆転しなかったりする。

逆に家族と関係が悪いと、家族を避けるため、家族が寝ている時間に活動しようとするので余計夜型になりやすい。もしかしたら、家族の方が先に夜活動するようにすれば、ひきこもりの昼夜逆転を封じることができるかもしれないが、それはそれで新しい問題が生まれそうな気がする。もちろん家族と不仲なら、極力顔を合わせないように部屋からも余計出てこなくなってしまう。

このように、ひきこもりの改善には家族関係が大きく作用する。

家族がひきこもりになった時、早く社会復帰させようとして家族仲が悪くなれば、ひきこもりも悪化してしまう可能性が高い。

もし、ひきこもりの家族が「一人暮らしがしたい」と言い出したら、それは自立の兆しではなく、目障りな家族の目を離れてのびのびひきこもりたい、ということなので許可しない方がいいという。

そしてひきこもりが昼夜逆転しがちなのは、家族に会いたくないのもあるが、社会の皆さまの視界に入りたくない、というのもある。仕事や勉強に励む皆さまの前に、自分のような何もしていないひきこもりがノコノコ姿を現したら申し訳ない、という気持ちがあるのだ。

だがそれだと社会から余計遠ざかり、ビジュアル的にも世間に顔向けできない度が上がってしまうのだ。

やはり「己を恥じる」ことから社会や他人との断絶ははじまる。たとえ何もしていなくても、この国に住んでいる以上、自分には健康で文化的な生活を送る権利があるということを忘れてはならない。

しかし、忘れないようにその条文をブツブツ言いながらコンビニとかに行ったら、本当に近所で恐れられる存在になってしまうので、心の中で復唱しよう。

## ⑧ 泥水でしか生きられない魚もいるのだ

他所で雑誌のレビューのような仕事をしているのだが、テーマとなる雑誌を選ぶ段階で「この雑誌は今号『部屋の片づけ特集』だからカレー沢さんにピッタリじゃないですか」と担当編集に言われた。本来なら担当如きが許可なく喋った時点で、自慢のキャットオブナインテイルが唸っているところだが、この発言に関しては「気にいった、うちに来て妹を鼻フックしていい」といってもいいだろう。

ちなみに、キャットオブナインテイルとは9つかそれ以上の紐がついた鞭のことである。それをおキャット様の尻尾に例えるところがセンス1億点だ。ただ「おキャット様の尻尾9本になぶられる」というのはご褒美でしかないため、拷問器具としてはマイナス2兆点である。

ともかく私も「部屋が汚い人間」として周知されてきたということだ。今までコツコツ部屋を汚し続けてきた甲斐があったというものである。まさに継続は力なりだ。

部屋などすぐ汚くできるだろうと思うかもしれないが、それは甘い考えだ。急ごしらえの人工的な汚部屋とそこに住む者のリアルな生活によって作り出された汚部屋とでは空気からして違う。

汚部屋とは床にただ物を乱雑に置けば良いというものではない。乱雑に置かれ続けたことによって、床はあたかも「人々に土足で踏まれ続けた屋外」であるかのようなオーラを放ち始めるのだ。

ちなみに私の部屋の床は「腐っている」がこれも一日で腐ったわけではなく、長い年月、そして少しばかりの「奇跡」によって生まれた作品なのである。ここまで芸術性の高い床が生まれることは稀だが、主の足の裏の脂を吸い切った床も一朝一夕で作れるものではない。

物理ではなく生理的に入れないのが真の汚部屋である。

おそらく「ひきこもり」といったら、物が積み上げられ真っ暗な汚部屋でそこの主(デブ)がパソコンに向かっているというイメージがあるかもしれないが、それは偏見である。汚部屋とデブまでは否定できないが、さすがの私も「電気をつけない」という日はない。つまり想像上のひきこもりよりも、電気代を食っている分だけ性質が悪いということだ。

しかし、ひきこもり全ての部屋が汚いというわけではない。確かに、生きているだけで汗や脂、二酸化炭素を排出する空気汚染機が一日中部屋にいるのだから、無人の部屋より汚れやすいのは確かである。しかし、己が一日中いるなら「少しでも快適に過ごせるようにしよう」と思う方が普通だろう。

よって、快適でオシャレな部屋に住んでいるひきこもりだっているはずなのだ。ただ、そういう人間は、「ひきこもり」と呼ばれていない可能性が高い。

先日ツイッター上で、世界的に有名なデザイナーの部屋はこんなに汚いという写真が拡散されていたが、正直私にはその部屋が汚いとは思えなかったし、それで部屋の主であるデザイナーのイメージが悪くなる、ということも特になかった。

まずその部屋が、本などの資料が積み重なっているだけという、汚部屋としてあまりにも芸術点が低かったというのもある。素人は、ただ物が多くて整理整頓されてない部屋を汚部屋と勘違いしがちなのだ。

汚部屋というのは、本が重なっているだけなど「無機質」ではダメなのだ。

具体的には食べカスのついた食器が重なっていたり、汁が残ったままかつ割りばしがツッコまれたカップ麺の容器が床に置かれていたりと、「有機物」が多いほど汚部屋としての完成度が増し、嫌悪感もうなぎ上りになっていくのだ。ネットに「私の汚部屋見て」と、何故か自分の顔を写りこませた写真をアップしている人間の部屋は大体無機物系である。だが食いカスだけではまだ甘い、尿が入ったペットボトルという、それなりに年季の入ったひきこもりでもなかなか入手できないアイテムを配置することで、やっと汚部屋は一応の完成を見せるのだ。拙者も偉そうなことを言っているが、そのアイテムはまだ未入手であり、我が部屋は未完の状態である。また、「結局部屋の持ち主による」という根も葉もない結論があったりする。

たとえ件（くだん）のデザイナーの部屋に資料ではなく、旧パッケージのペヤングの空が積み重なっていたとしても、世界的デザイナーが「私はこの部屋からインスピレーションを得てきた」と言えば、その部屋は汚部屋ではなくアーティストの部屋ということになり、ペヤングですらアーティスティックに見えてくるのだ。逆に言えば無職のひきこもりが住んでいると言えば、そんなに汚くない部屋でもちょっと汚く見えたりしてしまうのである。

また、ただ整理整頓ができないから部屋が汚いというのは、特に問題がないのだ。もちろん大事な物が頻繁に神隠しに遭うという問題はあるが、逆に困った時に部屋を探したら、野良のロキソニンや野生の５００円玉が見つかって「得した」という気分になれたりするので、トータルでは「トントン」といったところなのだ。

問題は「片づけができない」ではなく、「やる気がない」ことによって発生する汚部屋である。この「やる気」というのは「掃除する気」ではなく、「生きる気力」のことだ。生きる気力がないと大体のことが「どうでもいい」となるため、部屋に陳列された尿ボトルを見ながらペヤングを食えたりしてしまうのだ。

ひきこもりの汚部屋というのはこの無気力汚部屋である場合が多く、生きる気力がないため、そのままそこで亡くなってしまうケースもある。孤独死する人の部屋が常軌を逸した汚部屋になっているケースが多いのはそのせいである。

逆に言えば、片づけられないから汚い、そして汚くても平気で元気、というなら無理して片づける必要はない。むしろ「快適な環境を作ろう」とした結果が汚い部屋なのだ。おそらく整理整頓特集に載っているような部屋に住んだら、私は不自由極まりない生活を送ることになるだろう。

泥水でしか生きられない魚もいるのだ。

良かれと思ってひきこもりの部屋を勝手に片づけると、家族への不信感が募り、何よりその時点で死ぬかもしれないので、いくら汚くても本人の許可なしにひきこもりの部屋を掃除してはならない。

## ⑨ 求ム、舐めて見えないひきこもり仕草の開発

世間のひきこもり情勢を知るために、中学生がとりあえず「セックス」と検索してみる感覚で「ひきこもり」と検索してみたところ、やはりコロナの影響でひきこもりが増えたというニュースがヒットする。

ちなみにひきこもり系ニュースというのは、ひきこもり本人を取材したものもあるが「ひきこもりの子どもを持つ親」を取材したものの方が多い印象である。何せ本人はひきこもっているのだ。むしろメディアの前に出て「いや、マジでヤバいですよ」と言えるひきこもりは、まだヤバくない気さえする。

実際大変度で言っても、ひきこもり本人よりもそれを養い生活の面倒を見ている家族の方が大変な気がするので「とにかく大変そうな人を取材したい」という場合はひきこもり本人よりも家族の方にアタックしがちなところがある。

確かにひきこもりを支える家族が大変なのは事実なのだが、ひきこもりの子どもに悩む親ばかり映すと「老親にここまで心痛を与えておいて平気な顔でひきこもってい

るひきこもりというのは、一体どれだけ舐めた野郎なのだ」というイメージを助長させるので、それはそれで問題なのである。

やはり人間というのは、かわいそうなものより「かわいそうに見えるもの」に手を差し伸べたくなるものなのだ。どれだけ実情がかわいそうでも、後ろ髪だけを伸ばした子供には何となく愛の手を差し伸べたくなくなるものなのだ。

生物学的に見ても、赤ちゃんがカワイイのは庇護(ひご)欲を煽ってちゃんと育ててもらうためとも言われているし、おキャット様があれだけ完成されたビジュアルをしているのも、人間を完全に奴隷化するためである。己をかわいく見せる、またはかわいそうに見せる、というのは生物が生きていくために必要な能力の一つなのだ。

つまり、デフォルトの顔が「半笑い」に生まれて来てしまった人間は、それだけで生物的ハンデを背負っていると言える。

ひきこもりはその能力がほぼ皆無であり、どちらかというと「あまり可愛(かわい)くない生き物」に見えてしまっているので「なぜ俺様が外で働いて納めた税金を、家の中でのうのうと生きている連中を助けるのに使われなければいけないのか」という反発に繋がってしまう。なかなか支援制度が確立されなかったのも日本がこれだけのひきこもり大国に発展してしまった要因の一つと言えるかもしれない。

しかし最近ではひきこもりには外部の支援が必要だとして、多くの相談窓口や支援団体が存在する。

　調べてみると、なんと我が村にもひきこもりを支援する窓口が存在するらしい。我が村にあるということは、もはやひきこもり相談窓口がない地方は日本に存在しない、ということである。「どこにも相談できる場所がない」ということはほぼないと思うので、一度地元の窓口の有無を調べてみた方が良い。

　ない場合は、ひきこもり問題以前に異世界へ転生してしまっている恐れ、もしくは、自分の住んでいる土地が日本地図に記載されていない恐れがあるので、そっちを先に調べた方が良いだろう。

　では、日本地図には辛うじて載っているが、人々の記憶からは抹消されている、でお馴染みの我が村では、一体どんな支援が行われているのであろうか。

　まず支援センターの公式ＨＰに飛んでみたところ、阿部寛（あべひろし）の公認ＨＰリスペクトと思われる大変手作り感あふれるページが出てきた。これは作ったはいいが15年前から更新も活動も停止しているやつでは、と思ったが最終更新日が今年の9月になっていたのでちゃんと現役で稼働しているようだ。この点もちゃんと阿部寛ＨＰ魂が継承されている。

　ＨＰではまず未だに議論になり続けている「ひきこもりの定義」について書かれているのだが、我が村によると「半年以上学校や会社などに行かず家に引きこもっている状態」を指すそうだ。その定義で言うと、私はひきこもり6人分ぐらいに相当することになる。そして、その中でも精神疾患などを原因としないひきこもりを「社会的ひきこもり」と呼ぶそうだ。

社会的ひきこもりの具体例として、学校を卒業してから何もしていない、家族とも話さず部屋にひきこもっている、昼夜逆転の生活をし、深夜にコンビニだけ外出するなどが挙げられている。

もはや「コンビニだけは行く」というのはひきこもりの特徴ではなく「定義」にまでなっているようだ。むしろコンビニとひきこもりの関係性の謎を解くのが、ひきこもり問題を解決する鍵と言っても過言ではないような気がするが、おそらくコンビニ業界はあまり関連付けてほしくないと思ってそうな気がする。

そしてひきこもり問題を解決したいなら、まずは家族がガミガミ言わないことが大事だと書かれている。ただし、これは各所で言われ尽くしたことであり、目新しい情報というわけではない。

しかし一点だけ、「核心」と言っても過言ではない一文を発見した。

「ガミガミ言いたくなる気持ちはわかりますが、見かけによらず一番焦っているのは本人なのです」

つまり「家族や周りを心配させておいて本人は舐め腐っている」というのが、やはり世間一般におけるひきこもりの「見かけ」ということだ。

やはりどれだけ辛くても、見た目が「舐めている」というのは致命的なのである。

早急に理解や支援に繋がれるように、「舐めて見えないひきこもり仕草」の開発が急がれる。

# ⑩ 脱・ひきこもりビジネスでSSRを引くためには

今回も身近にトピックがないのに「ひきこもり」で検索したら、「80代の俺が50になるひきこもりの息子を引き出し屋に預けた結果」という、かなり新しい記事がヒットした。

もちろんこんなノリではなく、草もまったく生えてない話であり、80歳の老母が自宅を売った1300万円で20年ひきこもった息子を引き出し屋に預けたところ、息子はその後遺体で発見され、餓死の疑いもあったという。草どころか、マッドマックス級に荒廃した砂漠を、改造キャデラックが横切っていくような話だ。

引き出し屋というのは、文字通りひきこもりを引き出す民間業者のことだが、この手の事件はよく起こっている。それも親が何をしても出てこない子どもに対し、「なるほどシベリア送りだ」という達観で業者に依頼したならまだ良いのだが、多くの親が万策つきた中、最後の望みで依頼している場合が多く、むしろ悪徳引き出し業者は、そういう陰毛にもすがる思いの親を狙ってくるのである。

ひきこもり問題は家の中だけで解決するのは難しく、周囲の支援と絆が不可欠と言われているが、「絆を大事にするというコンセプトのカフェほど、バイトからやりがい搾取している」という方程式の発見が次期ノーベル経済学賞を獲るとも言われている。外部との繋がりは大事だが、どこに繋がるかによっては「繋がらない方がマシだった」という結果になりかねない。

つまり「信用の置ける外部機関」を選んで繋がらなければいけないのだが、「息子を殺して俺も死ぬ」という、期間限定ピックアップSSRのび太状態でそれを見極めるのは難しい。むしろそういう時ほど「ゆっくり丁寧に家族と本人をケアする」と掲げた団体より、「40秒で引き出すわ」と黒Tバンダナの代表が腕組みしている業者の方がたのもしく見えてしまうものなのだ。

つまり、いざという時に頼る外部はいざになってから探してはダメなのである。まだ「ドラえもソに何かいい感じの道具出してもらってこの件はまとめよう」という良くも悪くも知恵が回っている、恒常版のび太の内に探しておかなければならないのだ。

つまり私も「探すなら今」なのである。

そんなわけで我が村のひきこもり支援について調べてみたところ、前回書いたような国のひきこもり相談センターもあれば、ひきこもり支援のNPO法人も割と近場にあるということが判明した。

このNPO法人はそれなりに有名で、ここで行われる支援は全国でも注目を集めている的なことも書かれている。それが本当かどうかはわからないが、ひきこもりを支援している外部団体は思ったよりもある、ということだ。

しかしそれらの団体は共通して、「探さないと見つからないし、自分から繋がりにいかないと繋がらない」という欠点がある。

これはひきこもり支援だけに言えることではなく、実は国もそれなりに困っている人たちに対して相談窓口や支援制度を用意してはいるのだ。しかし、それが「知られていない」というケースがかなり多いのである。

ここで「誰も知らないのである」という、いつものアフロ田中ムーブをかましたいところだが、実は誰も知らないというわけではない。現に私も、今調べたからそういう支援があるということを知ることができた。しかし私はまだそこを利用する段階ではない。もしくはそう思い込んでいる利用すべき人だ。

つまり恒常のび太ぐらいにまでは辛うじて知られているが、今まさにそれを必要としているSSRのび太に届いていないのである。

これはネットでどれだけ困窮者支援サービスがあると言っても、それが必要な困窮者はネットすらできる状態ではないのと同じであり、SSRのび太も既にそこにたど

り着く判断力と行動力がないのである。ここで生死を分けるのが、異変に気付いた周囲の通報となるのだが、最近は他人の家庭に踏み込み過ぎるべきではないという風潮なので、余計問題が悪化しているといえる。

特にひきこもりは周囲に気づかれづらく、ステータスだけ見ると「スネークと完全一致」というステルス問題なのである。いくら他所様の家庭に関わるべきではないと言っても、連日子どもの断末魔が町内に響き渡れば何とかしなければいけない、となるだろう。

しかし、ひきこもりというのは何せひきこもっているので肉眼で見えることは少なく、基本的に「静か」なため、存在すら周囲に知られてないケースが多いのだ。

仮ににぎやかなタイプのひきこもりだったとしても、子どもが叫んでいれば本能的に「何とかせねば」と思うが、それが中年の雄たけびだと人は防衛本能的に「関わらない方がいい」と感じ、逆に見て見ぬふりをされてしまうケースが多い。

最近では「絆」は胡散臭い言葉の代表になっている。

しかし現在のひきこもりの高度迷彩を打ち破るのは、土クロックスで人の家に上がり込み「俺たちファミリーじゃん？」と肩を組んでくるデリカシーのなさしかない、というのも事実なのである。

# ⑪ 汚部屋問題

去年倒れて入院している父だが、また続報があった。

最近気のせいではなく親父の話が多いが、私のひきこもりはどこからと聞かれたら確実に父から来ているので仕方がない。逆にいえば「親父の時点で終わっていた」とも言える。父はその後実家近くに転院し、リハビリを経て3月ぐらいに家に帰る予定だという。

それを聞いた時「マジかよ」と思った。

何故なら父は倒れる前から割と死にかけであり、すでに足が立たないので、『火の鳥』の脚がついてた時のロビタみたいなケツ移動をしていた。

思えば現在私が自宅にランニングマシンを購入し、毎日ウォーキングをしているのは、あまりにも座りっぱなしの生活をしているため、このままでは歩けなくなりケツにホバークラフトをつけて移動することになると思ったからだ。しかし、ケツホバー機能の実装を待つことなく父はすでにケツ移動を完成させていた。奴は常に私の先をいく。しかしそんな状態でも、家中に取り付けられた手すりなどを駆使したパルクールアクションで、トイレや風呂には自力で行っていたらしい。だがおそらく、倒れたことにより状況は悪化しているはずである。そんな状態で帰ってきて大丈夫なのか。

しかし、母含め実家の人間が「本人が帰りたいならいっちょ帰らせてみっか」みたいなことを言っているので、すでに実家を出ている自分が「やめとけやめとけ」と吉良吉影にやたら詳しい同僚みたいなことを言うわけにはいかない。

だが病院に、一度帰るにあたり、どうやって自宅で暮らすか話し合うので自宅の写真や動画を持ってきてくれと言われた瞬間、「いっちょやってみっか」と悟空みたいなことを言っていた母の顔が、理性を失う5秒前の悟空になってしまった。

何回も言うが、我が実家は父親の私物で9割が占拠されており、無事な部屋は台所を除くと一部屋しかなく、その部屋は死にかけのパイセンであるババア殿が住んでいる。他の部屋はどこも大体床に物が大量に置かれているため、正直、老や病人でなくても暮らすには難易度が高い。

よってありのままの自宅の写真を見せたら「やめとけやめとけ」もしくは「おいおいあいつ死んだわ」になるに決まっているし、最悪通報まである。

実はというと、父の入院後、今が好機と家をある程度片付けたらしい。しかし父が拠点としていた本丸の部屋だけは手付かずにしていたという。

なぜそうしていたかというと「触ると怒る」からだ。

これは多くのひきこもりが持つ特徴である。ひきこもりは外に出るのを嫌がるが、それ以上に自分のテリトリーに他人が入ったり、自分の物を触られるのを嫌がる。

ひきこもりの解決には外部の干渉が必要とよく言うが、ひきこもり本人がそれを何より拒んでいるため、なかなか外部が立ち入れないのだ。

また他人が自分の部屋に入るのは嫌がる割に、自分で部屋を維持できている訳でもないので、ひきこもりの部屋は普通に汚い場合が多い。さらに家族が「代わりに片付けるから」と言っても、自分の物に触られたくないので「自分でやる」の一点張りなのだ。そうなると、家族側も家の中の惨状を見て「こんな家よそ様に見せられねえ」と、外部の支援を拒むようになるのだ。

日本の家庭はひきこもりを隠そうとする傾向にあるというが、それはひきこもりが恥ずかしいというのもあるかもしれないが、単純に「家の中が汚すぎる」という物理的理由で外部の人間を拒んでいるケースも多いのではないだろうか。実際、母も今のままでは他人を入れるなんてとんでもないと言っている。そうなったら、ヘルパーなどを使わず家族のみの介護↓無理が生じる↓ポリス、という今の日本で少なからず起こっている事件に発展してしまうかもしれない。それで結局母は、父の許可を取らず兄と父の本丸を一掃することにしたそうだ。

そんな話をわざわざ電話で報告してきたので、相当な決意だったと思われる。

もし帰ってきた父が「何故勝手に片付けた」と切れたら「施設にぶち込む」的なことをもう少し柔らかい表現で言っていた。家族としては穏便に済んで欲しいと思っているが、ひきこもりとしては師である父に対し「この期に及んでキレてみて欲しい」という気持ちがある。

文字通り、死んでも自分のテリトリーは死守するひきこもりの魂を見せてほしい。

## ⑫ ファイナンシャルプランナーによるひきこもり相談

ひきこもりお得意のインターネットで、ひきこもりの情報を集めてひきこもりの原稿を描くという、飢饉の共食いみたいな真似を続けてきたが、正直「ひきこもり」で検索しても、深刻で暗いニュースばかりヒットするので辟易している。

私が求めているのはひきこもりを肯定する明るいニュースだ。よって今回は「ひきこもり　朗報」で検索してみた。「セックス」だけではどうにもならず「セックスやれる」で検索してしまうような末期だ。

しかし、結論から言うと、本当に朗報が見つかってしまったのだからインターネットは最高だ。こんな優れたものから離れて外出などという愚行を冒せという方が間違っている。

まず一つは、30年ひきこもった40代半ばの息子と暮らす老夫婦の相談の話だ。

まず、ひきこもり問題は家庭内だけで解決しようとすると「一家全滅エンド」というホラーゲームでプレイヤーが一番初めに到達するバッドエンドみたいになることも珍しくない。まず外部に相談するという選択が正しい。

ただ、ここで少し意外なのが、この老夫婦が相談した先がFP、つまり「ファイナンシャルプランナー」なのである。FPとは、ライフプランニングのアドバイスを行う人であり、主に資金計画や家計相談を受けつけている印象だ。ちなみに「フィナンシャルプランナー」と誤字るのは、いつも心にフィナンシェがいる精神デブだ。

相談者は夫婦共に年金暮らし、ひきこもりの息子に月6万の小遣いを与えているが、毎年100万の赤字、このままでは5年で破綻してしまうので、どうしたらいいかと相談している。それに対しFPはまず息子への小遣いが多すぎるので減額、さらに家賃が高いので引っ越しを提案、これでひとまず毎年の大赤字が解消できるとアドバイスをした。

これに対するネット上の反応は「いや、息子に小遣いやるな」「息子を働かせろ」と、半ば小馬鹿にしたようなものばかりであった。

確かにこの相談をされた100人中120人がそう答えるだろう。しかし、それはひきこもりやひきこもりの家族当事者以外の感覚である。

この夫婦とて、息子がひきこもり過ぎておかしくなってしまい、119にかけなければいけないところを117にかけて現在の時刻を確認してしまう感覚で、他に相談すべき場所があるのにFPに相談してしまったわけではないと思う。

つまり、この夫婦は息子がひきこもりであることを「肯定」した上で、5年後やってくる家計的カタストロフィをどう回避したら良いかを知りたくて、FPに相談しているのである。どうやったら息子がひきこもりをやめるか、など聞いていないのである。それを考えればFPが、「息子の小遣いを減らして引っ越せば赤字がなくなり直近の破綻は回避できる」とアドバイスするのは正しい。

むしろ金をとる専門家が、「息子が働けばいい」などと誰でも言えることをいうのは、結婚相談所の人間が「イケメンになって年収1000万以上になれば結婚できます、ついでに身長も180cm以上にしておきましょう」とアドバイスするレベルの詐欺である。

だがこの「親がひきこもりの子供を肯定している」という状態を、「甘やかしている」という人もいる。確かにそうかもしれないが、親が息子を肯定していることにより、この家庭はまだ「話し合い」が可能な状態にあるのだ。

実際このFPのアドバイスを元に今後のことについて家族会議したところ、息子の方から「小遣いは3万で良い」と申し出があったそうだ。もし親子関係が悪かったら、会議に参加なんかしないだろうし、小遣い減額と言った時点で暴れているだろう。やはりこの親は息子のひきこもりに悩んではいても、それに対し否定はしてこなかったのだろう。

ここでも「小遣い云々ではなくお前が働け」という意見はあるだろうが、何せ30年もひきこもっているのだ、ひきこもりをやめて働くというのはそう簡単にできることではない。

そんな難しいことを「5年で破綻」という爆弾を抱えたままでできるだろうか。

いきなり我が家は5年で破滅するから今すぐ働けと言われたら、「5年以内にお前らを殺して俺も死ぬ」という結論になっても不思議ではない。それより、まず目前に迫る経済問題を家族一丸となって解決する方が先であろうし、それができるんだったらひきこもりの問題も解決できるかもしれない、という希望を感じる。

やはり「ひきこもりを否定しない」というのは大事なのだ。

ひきこもりの相談を外部にすると言ったらひきこもり支援団体に行きがちだが、とりあえずひきこもりであることは良しとして、家計問題を解決するというのは新しいアプローチである。

私もひきこもり自体を脱するつもりは今のところないので、もし外部に相談するとしたら、このままの状態でどうすれば死ぬまでひきこもりを続けられるかをアドバイスしてくれるFPな気がしてきた。

しかし、それに二の足を踏んでしまうのは、初手で「外に出て働け」と言われるかもしれないという恐怖があるからだ。

ひきこもりが相談を拒むのは、この「先手怒られ」を恐れているからでもある。ネットの皆さんが口を揃えて言う「お前が外に出て働けば全部解決」という言葉は、実は一番ひきこもりを問題解決から遠ざける一言なのである。

## ⑬「明るいひきこもり」とは

書くことがないので、「ひきこもり　朗報」という「祝　家全焼」と同じぐらい相反するワードで検索してみたところ、意外と興味深いひきこもりニュースを入手することができた。

よって今度はさらに偏差値を下げて、「明るいひきこもり」で検索してみた。すると、「明るいひきこもりが一番たちが悪い」という記事がトップにでてきた。まるで私がこのワードで検索するのを知っていて、棍棒（こんぼう）を片手に待ち構えていたかのような記事だ。インターネットまで敵に回ったら、もう生きる術がないので本当に勘弁してほしい。この記事は個人ブログに掲載されたものだったが、なかなか面白い考察がされていた。

まず明るいひきこもりとは何かというと、この記事によれば、コンビニなど買い物には普通に行く、パッと見あからさまに病んでいるようには見えない、家族とも普通に会話する、何だったら飯も一緒に食うし、部屋もそんなに汚くないひきこもりのことを指すようだ。「部屋が汚くない」以外は全て自分に当てはまっている。部屋が汚くて命びろいした。

しかしほとんどの項目には当てはまっているので、私は「うすら明るいひきこもり」という、ある意味暗いよりも不気味な存在であることがわかった。

ではなぜ明るいひきこもりが厄介かというと、明るいひきこもりは暗いひきこもりと違い「現状を憂いていない」からだという。つまり、学校にも仕事にも行かず、家にひきこもって好きなことだけしている状態を最高だと思っており、その暮らしを変える気が一切ないので「何とかしなければならない」と頭を抱えたり手首を切ったりする暗いひきこもりよりも、タチが悪いということだ。つまりここでいう「明るいひきこもり」とは、「開き直っているひきこもり」ということだろう。

確かに開き直っている人間ほどたちが悪いものはない。

最近社会問題になっている「無敵の人」も、言い換えれば「極限まで開き直った人間」である。失うものがなく、逮捕上等、もはや自分の命さえ惜しくないという人間の凶行を止めるのは至難の業である。

「最近日本の無敵人口が増えている」と言ったら、日本がサイヤ星になったみたいで頼もしいが、現実として無敵の人が増えると、それに比例して「特に理由のない暴力に襲われる人」も増えてしまうのだ。もちろん、進撃の巨人のジャンが増えるという意味ではなく、通り魔的犯行とその被害者が増えるということだ。そんな、どうせ死ぬなら誰かを道連れにしてやるという無敵の人に比べれば、外に出ず、一人で開き直っている明るいひきこもりなど、無害なものである。

そもそもひきこもりであることを憂いていない人間に、「ひきこもりは悪いことだからやめろ」と言うのもいかがなものだろうか。

しかし、明るいひきこもりは見ず知らずの人を道連れにすることは少ないが、親など身近な人間は道連れにしがちなところがある。

明るいひきこもりの最高な生活を支えているのは、おそらく家族である。つまり穀を潰す気満々で、それを悪いとも思っていないということだ。さらに明るいひきこもりは、面倒を見てくれた家族がいなくなり、穀を潰し切ると無敵の人にメガ進化する場合がある。

元々明るいひきこもりには「開き直り力」という素質があるため、それをひきこもり生活でさらに高めた後、無敵の人として家の外に鮮烈デビューしてしまう可能性が十分にある。

よって、明るいひきこもりが無敵の人として窓辺から飛びたつ前に何とかしなければいけないのだが、何せ開き直っているので、助言も忠告も聞き入れず「親が死んだら生活保護受けるわ」という舐めた返答しか返ってこないため、周囲も早々に諦めて

しまうのだ。そういう意味で「明るいひきこもりほどたちが悪い」と言うのはある意味正しい。だが、暗いひきこもりの方が望みがある、とも言い切れない。

私は条件としては明るいひきこもりなのだが、言動は極めて暗い。なぜ最高の生活をしているはずなのに暗いか、というと元々性格が暗いのもあるが「暗い方が怒られない」というのもある。

前述の通り、明るいひきこもりはその態度を「舐めている」とみなされ、面倒を見ている家族が早々に激おこ、家からたたきだしたり、引き出し屋を使ったりと強硬策に出る可能性がある。

逆に「自分でもこのままではまずいとわかっているが、どうしていいかわからない」というようなことを、全く聞き取れない声で言う暗いひきこもりに対してはなかなか親も強く言えないし、むしろ本人にどうにかしたいという意思があるように見えるせいで、長期間にわたる「様子見」をしてしまい、そのまま30年経過してしまったりするのだ。

明るいひきこもりはたちが悪いかもしれないが、たちの悪さを隠してないだけマシである。

それよりも暗いひきこもりの皮を被(かぶ)った明るいひきこもりに気をつけてほしい。

# ⑭ 8050問題が9060問題へシフトしている

前回「明るいひきこもり」で検索したところ「明るいひきこもりほどタチが悪い」という、こちらの精神を一撃で破壊する記事がヒットした。

「ひきこもり」という現状を憂いてじめついているひきこもりよりも、仕事も勉強もしていない分際で恥も外聞もなく開き直っているひきこもりの方がタチが悪いということである。そういう意味では、ひきこもりを恥じるどころか全肯定しようと屁理屈（へりくつ）を100回近くこね続けているこの連載と書いている私は、もはや害獣レベルの厄介である。そろそろ猟友会に連絡がいってもおかしくない。

確かに周囲に迷惑をかけておいて開き直っている奴はタチが悪い。しかしひきこもりというだけで自分を恥じ、生まれてきたことを世間に詫（わ）びる顔をしていなければいけない、というのはおかしい。むしろ、ひきこもりはひきこもりであることを恥じて暗くしていなければいけないという圧力こそが、ひきこもりをさらにひきこもらせているのではないだろうか。

なぜ我々が人前でパンツをはいているかというと、その中にあるものが恥ずかしく、それを見せたら他人が不愉快になるという自覚があるから隠しているのだ。それと同じようにひきこもりに恥ずかしいという自覚を持たせてしまったら、人様を不愉快にさせないよう、良かれと思って見えないところにひきこもってしまうのは当たり前ではないか。

誰だって「ちょっとパンツ脱いで見せてみ？」と言われてもそう簡単には脱げないだろう。それと同じようにひきこもりだって自分のことを恥ずかしいと思っているうちは、なかなかパンツという名の部屋からは出てこられないのだ。パンツを脱ぐには本人が「パンツの中相当自信ニキ」つまり「自分に自信がある状態」になるか、世間の方が「別にパンツの中身が出てきても良い、むしろよく出てきてくれた」と容認している状態になる必要がある。

つまり、ひきこもり本人が自分を恥じ、世間もひきこもりは恥ずかしいもので、出てきたら出てきたで「どの面下げて」と言っている世の中では永遠にひきこもり問題は解決しないのである。実際「ひきこもり問題解決には第三者の介入が必要」と口を酸っぱくして言っているのに、なかなか外部と繋がれないのは、ひきこもりとその家族が「こんな恥ずかしい状態の家庭を人様に見せられない」と思い込んでいるからであり、それが８０５０問題の根本的原因の一つと言って良い。

先日、まさにこれが原因で長年問題を抱える家庭を扱った記事をネットで見かけた。しかし、この記事で取り上げられたのは８０５０ではない。

ではまだ若いひきこもり家庭かというと逆であり、９０６０なのだ。すでに日本はここまできてしまっているのだ。

記事に出てくる家庭は、90代の父親がひきこもっている60代の息子と50代の娘の面倒を見ているそうだ、ひとりでも厳しいのに二人とか厳しすぎる。さらに長男のひきこもり歴は10年程度だが、娘の方は18歳からひきこもっている大ベテランだという。ひきこもったのは昔から人と会話が出来ず、それが元で会社をクビになったのが原因だそうだ。

正直全く他人事と思えない。一歩間違えたら私もそうなっていただろうし、今からなる可能性も十分にある。むしろ未来の自分が、時空を超えてニュースになったのではないかとすら思える。この家庭は外部との関係が断たれているのはもちろんのこと、家族間でもコミュニケーションが断絶しており、父と子の間には全く会話がないらしい。ちなみに長男はひきこもり歴こそは浅いが、父の年金を勝手にギャンブルやタバコに使う、アグレッシブタイプのひきこもりだそうだ。

もはやひきこもり問題の枠に収まりきらない問題のある家庭だが、問題がここまで悪化し、それが何十年も続いてしまったのはやはり、問題を家庭内で収めようとした結果ではないかと思う。唯一ひきこもってない次男が、そんな実家の現状を憂い、再三外部に相談するように進言するも、父子ともに頑として受け入れなかったという。外部の方が心配して家庭訪問に行っても、父は「子供は仕事に行っている」と嘘をつき、娘は「入ってきたら殺す」と受け入れなかったそうだ。

齢50になった女から「殺す」という言葉が出る威勢の良さに希望を感じるが、この頑なさこそが問題を悪化させた原因であり、頑なになった理由はやはり「こんな状況を他人に見せたくない」という気持ちが大きかったからだと思われる。

取材が入った、ということは現在この家族は外部と繋がっているのだろうが、ひきこもりを恥と思う気持ちがなければ、もう少し早く手を打てたのではないかと思う。

ひきこもり問題を長引かせるのはひきこもりを恥とする社会である。

ひきこもりがパンツから出てきても顔をしかめるのではなく、「よく出てきたな！」と歓迎しなければならない。

# ひきこもりの経済問題

# ① ひきこもりがスタンダードライフになる可能性

今まで「ひきこもり」というのはネガティブなことであり、社会問題として解決すべきこととされてきた。しかしコロナウィルス感染拡大の影響により、むしろお上が「家から出るな」とひきこもりを推奨するようになった。しかも世界的にである。

つまりここ半年で、治すべきとされていた「ひきこもり」がグローバルスタンダードなライフスタイルになったということである。世の中何が起こるかわからない。もしかしたら来年、自分以外の女が死滅して「世界一の美女」と呼ばれるようになっているかもしれないのだ。それだと同時に「トップオブブス」ということにもなってしまうが、価値観というのはいとも容易く変化するということである。

ともかく、ひきこもりが世界的に歓迎すべきライフスタイルになったことにより「デキる男はこもってる」みたいな、包茎の暗喩の如きビジネス本や「むりしない！わたしのほっこりひきこもりライフ！」のような、お前はちょっと無理してでもそういう本を買うのをやめるところからはじめよう、というような、スローライフ本が山ほど出ているはずである。

早速我々はアマゾン（通販）に飛び「ひきこもり」と入力してみたところ、出てくるのは「脱ひきこもり」など、圧倒的にどうやってひきこもりをやめさせたら良いかという本ばかりであり、たまにファンタジーラノベが混ざってくるぐらいだ。ひきこもりで豊かな生活など、異世界転生でもしなければ無理だと言われている気分である。結局今は外が危険だからひきこもれと言っているだけで、安全になったらちゃんと外出ろよというのは世の中の総意ということになるが、これらの現在出ているひきこもり本から見えてくることもある。

まず脱ひきこもり系の本の表紙には、「親が死んだらどうする？」という激重フレーズが書かれているものが何点かあった。本の表紙というのは、見る者の購買意欲をジャブジャブに煽るようなことが書かれていないといけない。つまり、脱ひきこもり本を探している者にとって「親が死んだらどうするか」というのが最大の関心事であるということが窺（うかが）える。

親が死んだらどうするか、というのは「イオンに電話する」などという意味ではない。

ちなみに何故イオンかというとイオンは葬儀事業もやっているからだ。もはや田舎の人間は生まれてから死ぬまでを全てイオンに握られていると言って良い。

そもそも、何故ひきこもりがひきこもれるかというと、働いたり外に出たりせずとも衣食住を保障してくれる強火のサポーターがついているからであり、それは多くの場合親である。よって「親が死んだあとどうやって生きていくのか」というのは、ひきこもり当人や、ひきこもりの親にとっても一番の懸念材料ということになる。

実際親が死んだあとどうなるか、というと「一緒に餓死する」というある意味信念のあるタイプもいるが、親が死んでもどうしたらよいかわからない、もしくは親が死んだことで生命線である「年金」がもらえなくなったら困るので、通報されるまで遺体と一緒にステイホームという事件もそこそこ起こっている。

やはりひきこもりというのは笑える問題ではない。ほっこり包茎ライフとか言っている場合ではないのだ。

つまり、ひきこもりは経済的に支えてくれる親が死んだときが一番の問題と考えられているということだ。

逆にいえば「経済問題さえクリアできていればひきこもりをやめなきゃいけない理由は特にない」とも言える。もちろん他にもいろいろ問題はあるが、それがひきこもりの一番の問題と思われているのは確かである。

そしてひきこもりを脱しようという本の中に、「ひきこもりでもできる在宅ワーク」というような趣旨の本も見つけた。ひきこもりをやめるのではなく、ひきこもったまま一番の懸念事項である経済問題を解決しようという、ひきこもりであること自体は肯定した本もなくはない、ということだ。

どちらかというと、こちらの方が健全な考え方な気がする。前提としてひきこもりというのは、社会や集団というのに向いていない。しかもピーマンが嫌い、などという好き嫌いのレベルではなく、アレルギーに近い者も多い。

現在のひきこもり支援は吸血鬼に対し「外に出て太陽の光浴びたら元気でるから！」と言っているようなものも、まだ結構多い気がする。それで一時的に外に出したとしても、何せ体質的に外や社会に向いていないので、再び体調をくずし、またひきこもってしまう可能性が高いので根本的解決にはなっていない。

最近では、ひきこもりをやめさせるのではなく、ひきこもりのまま、どうやって経済的に自立させ、社会と接点を持たせるかを考える支援も増えているようであり、個人的にはこちらの考えの方がスタンダードになってくれればと思う。

信じられないことに、ほんのひと昔まえまでオタクだって「治すべきもの」というのが世論だったのである。それが今では、他人に迷惑をかけず自分の金でやっているのだから何が悪いという考え方の方が一般的だ。

ひきこもりも、自活と迷惑をかけないという点をクリアすることで、スタンダードライフスタイルのひとつになれる可能性は十分にあるということだ。

## ②フリーランス（≠フリーター）の利点とリスク

　とりあえず経済的問題さえクリアすれば、たとえひきこもりでも当面の問題はない。そう再三言ってきたが、逆にいうとそこが最難関なのだ。

　幸か不幸か、コロナの影響でリモートワークが広まり、会社に所属しながら家にひきこもって賃金を得られる、という夢の働き方への道が急速に開けてきた。実際、私の担当編集者たちも未だに在宅ワークの者が多く「一生このままでもいい」などと供述している者も少なくない。

　我々無職が、雇用保険や厚生年金など全ての社会保障や信用と引き換えに手に入れた「家から出なくていい」という特権を、大手出版社の固定給野郎どもが手に入れているかと思うと、コロナに罹らずとも、全身から沸騰した血が噴き出す奇病で絶命しそうになる。

　だが、家でも可能な仕事に「通勤」というコストをかけ、「健康被害」というリスクを負ったうえ、5分に一回老が「何もしてないのにパソコンがポルノ画像を表示したまま固まった」と申告して来る環境で働かせるのがわが社の方針、という会社が未だに多いのも事実である。結局、会社に所属しながら家で働くというのは会社の采配に依るところが大きく、自分の希望通りにはいかないことも多い。

よって、ひきこもりながら自立するとしたら、やはり「フリーランス」が一番手っ取り早いということになってしまう。私も、会社に所属せず生計を立てているという点では「フリーランス」なのだが、名乗る時は「無職」と言うようにしている。

これは嘘や、まして謙遜などではなく、我が村で「フリーランス」などと名乗って一発で理解してくれる人は稀であり、最悪そういう宗教団体と思われてしまう。そして仕事内容を説明したところで相手の顔には「それは無職と何が違うのか」と油性で書いてあるのだ。親とかにそう言われるのは仕方がない。老父母を安心させられる仕事に就けなかった俺が悪い。しかし、フリーランスの人がコロナ禍で役所に支援を求めに行ったところ「支援を受けたいならまず就職活動してください」という激アツアドバイスを役人にいただいた、という噂もある。

つまり「みんな知っている職業」「説得力がある」という点でいえば、フリーランスよりも「無職」の方が圧倒的に信用度がある職業なのだ。つまり私が「無職」と名乗っているのは卑下ではなく、むしろ「学歴を盛っている」ぐらいの感覚なのだ。その内、ショーソなんとかさんみたいになるのではないかとヒヤヒヤしている。

ともかく、家から出ず、集団に属さず生きるには、フリーランスになるのが一番早い。そういうと「フリーランスはそんなに甘いものではない」という言葉が必ず返ってくる。それは事実だが、毎朝出社し周囲の人間とコミュニケーションをとりながら働くという行為が甘いかというとそうでもないだろう。

「甘い方を選ぶ」という発想自体がスイートであり、人生は「両方激辛だが辛うじて食える方を選ぶ」というテンションの上がらない選択の連続である。

かく言う私も、会社員時代は「フリーランスになって貧乏だけど豊かに暮らしてます」みたいな話を聞くと、「やせ我慢を言いやがって」と思っていた。しかし今なら、彼らは「貧乏生活が楽しい」と言っているわけではなく、貧乏より遥かに「出社して他人と働くこと」の方が辛すぎるため、そこから解放されることで相対的に本当に豊かになっているのだと気付いた。

つまり、フリーランスになって貧乏かつ不安定になっても、会社員時代に比べれば幸せだと感じられる人はたくさんいるということだ。結局自分にとって何が幸せか理解出来てない内は、なかなか幸せにはなれないのだ。

では「フリーランス」といっても具体的に何をしたら良いのだろうか。答えは「金が稼げて法律に反していなければ何でもいい」である。実際何で稼いでも、雇用保険なし厚生年金なしなのは一緒なのだ。稼ぐ内容は特に関係ない。もちろん私のような漫画家やライターもフリーランスの一種だが、これらは不安定といわれるフリーランスの中でも、抜けかけの犬の乳歯レベルにグラグラなので特におすすめはしない。まだ何をやるか考えていない、というのであれば、できるだけ需要が切れず、つぶしが効く技術が身につく仕事をお勧めする。つぶしとは、もしフリーランスひきこもり生活に失敗しても再び社会復帰できるスキルのことだ。この点でいうと漫画家などマイナス5京点であり、我が村では履歴書に「漫画家」と書くぐらいなら、まだ空白にしておいた方がマシなレベルである。

ネットでフリーランスの職種について調べてみたところ、ｗｅｂデザイナーやプログラマーなどＩＴスキルを用いた仕事が推奨されている。確かにこれらのスキルがあれば、企業への社会復帰もしやすいだろう。ただ、いきなり独立というのも難しく、スキルだけでなく、ある程度会社での実務経験、そして独立後仕事をもらうための人脈も必要だそうだ。下手をすると、会社員時代よりコミュ力がいるということにもなりかねない。

これはどの職種でもいえることで、フリーランスになると時には自分で仕事を取ってくる営業力も必要になり、もちろん経理や事務なども自分でやらなければならない。つまり「全部自分でやる」ということだ。そして何度も言うが、社会保障は会社員に比べて明らかに冷遇である。この時点で「会社で働く方が明らかに楽」と思った人も多いだろう。実際全くその通りなのだが、世の中にはこのような万難や貧乏よりも「社会で生きていく方が耐えられない」という人間がいるのだ。

つまり「フリーランスの大変さに比べたら、会社に行く方が全然マシ」と思えるのも才能の一つなのである。その才能に恵まれた人は、ぜひその才能を生かし、これからも安定的な生活を送ってほしい。

## ③「もう1ヵ月無職がやれるドン!」に秘密がある

「もう1ヵ月無職がやれるドン!」

これは10万の定額給付金が支給された時、無職メイトが発した言葉である。定額給付金の意義とか使い道に関して論じると、空気がピリついてくるのでそれは置いておくが、この一見どうしようもない言葉の中に、ひきこもりとして生きるヒントが隠されているような気のせいがする。

社会問題になっている方の「ひきこもり」とライフスタイルとしての「ひきこもり」の最大の違いは、自活できているか否かであると思う。つまり会社勤めなどで外に出ずとも自分で生活費が賄えているのなら、ひきこもりでも特に問題はないのではないか、ということだ。

しかし何度も言っているが、そこが一番難しところであり、多くの人が考える過程で「外で働いた方が早い」という結論に達してしまうだろう。これは「つまらない現実に直面した」というわけではない。「坊主! 良いことに気付いたな!」と背中を豪快に平手打ちして麦酒（ビール）を振る舞い、一人娘を「抱いていい！」と差し出していいレベルの良い発見である。

さらに「ひきこもって暮らすより外で働いた方がよほど楽」という結論に達したとしたら、それはもはや「コングラッチュレーション」であり、エヴァ最終回級に祝福していい。

会社勤めのデメリットは「会社に行かなければいけない」を筆頭に5億個ほどあるが、そうするための方法は「求人に応募する」と至ってシンプルであり、採用されればそれなりに安定するというメリットがある。

その点フリーランスというのは、まずなり方が「ゴールデン街で漫画雑誌編集者の隣に座ったことによりデザイナーになった」など、定型がなさすぎるのだ。

ちなみにこれは、私の本のデザインをしてくれている人の実話である。さらに運良くフリーの職を得たとしても、連載を切られたことにより昨日の漫画家が今日の無職という、俺とお前と大五郎ムーブが年に何回も起こったりするため、経済的に不安定なことはもちろん、精神的にも安定しているとは言い難い。また今回のコロナ禍では会社員も影響を受けていたが、やはりフリーランスの方が大きく影響を受けており、支援を受けようにもまず役所の方に、フリーランスとフリーターの違いを説明しなければならないという精神的苦痛を受けている人もいた。このように社会変動に弱いため、やはり外に出て働くより、ひきこもって生きる方が難易度が高い感は否めない。だがその難易度を下げるヒントが冒頭のクソ台詞(ぜりふ)にある。この言葉は、無職をひきこもりに変えても成立する。つまり10万円あれば1ヵ月ひきこもれる、ということは生活費を5万に落とせれば、2ヵ月ひきこもれるドンということである。

逆に言えば、生活費が10万円かかっている人間は、会社勤めをせずに10万円稼ぐ術がないとひきこもりにはなれないが、5万円の人間は5万円収入が確保できればひきこもりになれるということになる。

このように生活費を下げれば下げるほど、ひきこもりになるための難易度は下がり、ひきこもり継続期間も延ばすことができるのだ。

生活レベルを下げたり節約なんかするぐらいなら、ひきこもりになんかならず外でバリバリ働いた方が良いと思えるなら、もちろんそれは「コングラッチュレーション」であり、村の長老を抱いていい。

もちろん過度な節約は体と心にも悪いので、ギリギリまで切り詰めてひきこもりになるというのは、外に出るぐらいなら、霧や霞(かすみ)、サッシの埃でも食った方がマシという人にしかオススメできない。もう少し楽に会社勤めせずに生きていきたいと考えている人は、生活費の確保の方法を考えるのも大事だが、まず支出の方を抑えることを考えた方が良い。その方がひきこもりになる難易度も下がる。

また、ひきこもりになるつもりもなく、節約などしたくないという人でも「自分の生活費」を把握することで気持ちが楽になることもある。

おそらく労働している人のほとんどが、金のため、つまり生活のために働いており「会社なんか行きたくないが、生活のためには仕方がない」と妥協しながら働いていると思う。しかし生活のために働いている割に、己が生活するのにいくらかかっているか把握していないという人も結構いるのだ。

どう見てもブラック企業だが、生活のためにはこの月給手取り15万の会社を辞めるワケにはいかんと思っている人でも、自分が月10万でも生きていけているということがわかれば、仮に手取り13万に下がったとしても、もっと楽な会社への転職を考えても良いのではないかと思え、キツイ会社に無理にしがみつくことを防げるかもしれないのだ。そして、生活費が下がれば下がるほど、外で働くにしても働き方の選択肢は増えていく。転職する気がなくても、「いざとなったらこれだけあれば生きられる」ということがわかっているだけで大分楽になるものだ。それがわかっていないと、一生漠然とした「食っていけなくなる不安」を抱えてしまい、フットワークが余計重くなってしまうのである。特にひきこもりを目指す人は、生活費のコストを把握し、それを下げるようにした方が良いと思う。

節約というと、しみったれたイメージがあるかもしれないが、節約すればするほど

「もう○ヵ月ひきこもりができるドン！」というボーナス回数が増える、景気の良い話だと思って欲しい。

## ④ミニマリストと呼ぶなかれ。これからは短小生活だ

ひきこもりとして生きるには、家から出ずに収入を得る手段が必要と言ってはみたが「漫画家になれ」とは口が裂けても言えないし、親御さんにも申し訳が立たない。

よってユーチューバーになることをお勧めする。

これは冗談ではなく、たとえ最高再生回数「49回」という、あらゆる意味でノーフューチャーな結果に終わったとしても、「動画編集能力」というスキルは現在わりと需要があるのだ。

よって、お子様が急にユーチューバーになると言い出して、一日中パソコンの前にいたとしても、漫画家になると言ってずっと推しキャラの右斜めバストアップ模写をしているよりは5億倍マシなので、ぜひ自力で動画を1本仕上げるまで見守ってあげて欲しい。心配するのは、動画を1本も完成させることなくユーチューバーを諦め、次の日プロゲーマーになると言い出してからでも遅くない。

つまり今の世の中、どんな能力が将来生きるかわからないので、中高生のころから

勉強だけでなく、邪気眼以外の「スキル」を身につけておくことも大事ということだ。

しかし、社会で生きることを苦痛に感じている人が、一人でも多くひきこもりでも生きていける方法を真剣に考えた場合、スキルを身につけ家から出ずに稼げるようになろう、というのは、難易度が高く再現性が低いような気がする。それに自分がそう言ったことにより「○○さんの年齢は？　年収は？　恋人は？　調べてみましたがわかりませんでした！」というような、クソキュレーションサイトが増えても困る。よって、もはや家で「働く」という概念すら捨てることにした。やはり時代は不労所得である。

ひきこもりになりたいが、今一歩将来が心配で踏み出せない、という人のために、働かずとも不労所得だけで生活を成り立たせることができるか否か、株を何点か購入したその日に安倍首相が退任を表明し、日経株価が激落ちくんして、オラびっくりしているのが現在である。

またしても、「外で働くのが一番簡単で堅実かつ、間違ってもマイナスになることはない」という事実を覆せなかったが、この「不労所得・生活編」は水面下で続けて行こうと思うし、成果が出たらここで発表しようと思う。つまり、私から言い出すまで絶対に「株はどうなりましたか」と聞いてはならない。

　しかし、労働よりもさらに確実なのは「支出を減らすこと」である。前回言った通り、支出さえ少なければ、ひきこもりとして生きる難易度はぐっと下がる。

私も今まで「節約」というものを意識したことがなく、必要性も特に感じていなかったが「節約すればするほどひきこもりでいられる期間が長くなる」ということに気付き、がぜんやる気が出てきた。このように「節約」をするには何よりまず「目的」が必要なのである。それも「老後２０００万ないと野垂れ死ぬ」というようなネガテイブな目的のための節約は長くは続かないし、生きる意欲がなくなり、「老後が訪れる前に死ぬ」という斬新な方法で老後２０００万円問題をクリアすることになってしまう。

たとえ大きな目標が「老後のため」であろうとも、それとは別に「インドかアムステルダム、もしくはカナダに旅行に行く」等のポジティブな目的も必ず必要なのである。ちなみに場所に他意はない。私も今まで節約に前向きでなかったが「1円節約するたびに、ひきこもれる時間が1秒増える」と言われたら、全く苦ではなくなってくる。とはいえ、空腹や暑さ寒さに耐えるような生活では、やはり心が荒んでくる。

まず目指すのは「無駄のない生活」、つまり「ミニマリスト」の精神である。

それにしてもつくづく、「ミニマリスト」というのは名前で損をしていると思う。

我々のような、スタバに用意されているコンセントをソシャゲの周回のためにしか使ったことがない人間は、「ミニマリスト」などという言葉を聞いた瞬間「しゃらくせえええええ！」と家中の棚という棚の中身を床にばら撒いてしまい、ますますミニマム生活から遠ざかってしまうのだ。もっと「短小生活」とかダサい名前で我々に親しみを持たせてほしかった。

ネットで見かけるミニマリストの部屋が、軒並みローテーブルにアイパッド、やたら白いドラム式洗濯機、という感じなのでミニマリスト＝意識高い系のオシャレ生活、というような印象を抱いてしまうが、ミニマリストの本質はオシャレではない。

ミニマリストとは必要最低限の物で暮らすことだが、「必要」の定義は暮らすのに必要なものだけではなく、「自分にとって必要なもの」も含まれているのである。つまり、生活にはマストではなくても、自分の人生を豊かにしてくれるものなら、たとえ他人からは「その破廉恥な絵が描いてある、やたらでかい抱き枕は無駄ではないか」と思われていても、ミニマリストの精神からすると「必要な物」になるのである。

この考え方は家計にも応用できる。今の生活を見直し、生活のために必要な出費と、豊かな心のために絶対に必要な出費だけを残すことにより、家計もミニマム化できるのだ。

また、持ち物が少なければデカい家に住む必要もないため、家賃という大きな固定費を減らすことにつながる。

現在私はこの原稿を、床というものが存在しない部屋で書いている。床がない、というのは抜けている、という意味ではなく、物を置き過ぎて肉眼で見えなくなっているだけだが、そのうち重みで物理的に床がなくなる日が来るかもしれない。さらに、二人住まいなのに、2階建ての一戸建てに暮らすという、マキシマムな生活を送っている。デキるだけ生活をコンパクトにするのが、ひきこもりになる近道であり、長くひきこもりを続けるコツである。そういった意味では、何十年もローンを払うような住宅を購入する、というのは一番やってはいけない。

家が欲しいなら一括だ。

ひきこもりになるための方法はまだ示せていないが、「ひきこもるために絶対にしてはいけないこと」を示せただけでも満足である。

# ⑤ ひきこもりは「知識」が大事

さて今回も「ひきこもり処世術」のお時間だが、聞かれるのが嫌なので先に言っておく。

「不労所得・生活編」に関しては皆様にお知らせできることは一切ない。一つお伝えできる有益情報があるとしたら、投資も数あれど、調べたかぎり老後の資産形成のために「ＦＸ」をお勧めしてくるようなライフプラン情報は一つもない、ということだ。だがそれと反比例して証券会社の方は「ＦＸ口座開設で５０００ポイント贈呈」など、ＦＸ激推し君なのである。

勘の良い方はお気づきと思うが、これは「リボ払い」と全く同じ構図だ。カード会社は隙あらばリボ払いをお勧めしてくる。最近は勧めるのも面倒くさくなったのか、リボ払いが初期設定というカードもあるぐらいだ。ドラクエでいえばステータスが「どく」状態でスタートしたようなものであり、歩いていた（普通に使用した）だけで気づいたら死んでいるという仕様である。

最近は私のように「1、2、たくさん」と3を待たずにバカになってしまうような人間でも、「仕組みは1ミリもわからないが、リボ払いはとにかくヤバいらしい」ということが周知されてきてしまったため「スマート支払い」など、名前を変えて心機一転再デビューしてくるケースも出てきた。

このように、銀行、カード会社、証券会社などが猛プッシュしてくるものというのは、会社の利益が大きい商品である。つまり使う側の負担やリスクは高くなりがち、ということだ。

ちなみにFXと同様、ポイントをエサに証券会社が勧めているのが「信用取引」である。ネットなどが発達したことにより、収入を得る方法が多様化したことがひきこもりとして生きる追い風になっているのは確かだが「それ以上に金を失える方法が多様化した」という向かい風で実質ちょっと後退してしまっているような気もする。つまり、一秒でも早くひきこもりたいからといってあまり怪しい物に手を出すと、部屋から出ないどころか、何らかの漁船に乗って海の外にまで出ることになったりするので、焦りは禁物だ。故に、私もさすがにFXをやろうという気にはならないのだが、ネットに転がっている「FXで大損した人の話」を見るのは好きである。FXで大損した人がどれだけヤバいことになっているのか正確に理解するために、FXの勉強をしようかと思うぐらいだ。

このように、ひきこもりや老後資金を貯めるためにＦＸをやるのはお勧めできないが、ＦＸで大損した人ウオッチという、金がかからず満足度の高い趣味のためにＦＸを勉強するのはお勧めである。

ひきこもりになるためには、収入を増やすより、まず支出を減らすことを考えた方が良いと前回言ったが、言うだけでは何なので、自分も改めて正確に家計把握をし、支出を減らす努力をしてみることにした。

このように「ひきこもりになりたい」「ひきこもりを続けたい」と言うと人生を捨てているように聞こえるが、逆にその目標が、生活を見直すきっかけにもなるのだ。仮にひきこもりにならなかったとしても、家計を把握したり支出を減らすことは後の生活のためになる。よって、本気でひきこもりになる気がない人にも「ひきこもりになるつもりムーブ」はお勧めできる。

以前、支出の95％が税金の月があったのだが、再度確認したら税金が支出の90％を占めている月が、他にもふた月ぐらいあった。相変わらず「俺にだけ別の税制が適用されている説」があるが、おそらくこれは私の節税知識が足りないのだろう。

以上のことからひきこもりには「知識」がとても大事ということがわかる。

知識がなければ、ひきこもり生活最大の敵が「国」になるし、知らないうちにＦＸをはじめたりリボ払いになっていたりするし最悪騙（だま）されるということさえあるのだ。

無駄な金を払わなくて良いように知識を持つことが、一日でも早くひきこもり生活に入り、そして、長くひきこもりを続けるコツである。ちなみに、収入を低く、経費を高く虚偽申請をする、そもそも確定申告をしない、というのは節税知識ではなく、脱税なので気をつけよう。しかし、日本の学校は、納税・勤労・教育は国民の義務ということは口を酸っぱくして教えるが、何故か正しい納税の仕方は教えないので、本当に悪意なく脱税してしまうケースもあるのだ。わが校の生徒が、自分で確定申告が必要なフリーランスなどという迂闊（うかつ）な道に進むはずがない、という自信があるのかもしれないが、それは過信が過ぎる。お国のために全員無職になるぐらいのつもりで、生活保護の申請方法まで教えてほしい。それで救われる命もきっとある。

つまり、税金以外では思ったほど派手な支出はない、ということがわかったのだが、時々支出が跳ね上がっている時がある。それはソシャゲのガチャに「推し」が登場した時だ。しかし、ミニマリストですら「己の心の豊かさのために必要な物」は捨てないのである。

そういう意味で言えば、ソシャゲの支出は削るべきではない。だが「そのキャラが本当に欲しかったのか」というのはもっと精査すべきだろう。

「ガチャは股間で回す」と言う通り、股間が反応したガチャは迷わず回すべきという方針ではあるが、その股間がガバガバでは、すぐさま生活が破綻してしまう。

ひきこもり生活は病みやすいという側面がある以上、楽しみに対する支出は減らすべきでない。しかし「これは楽しみだから削れない」というハードルが甘すぎても駄目なのだ。

「身の丈にあった股間を持つ」。これもひきこもりにとって大事なことである。

## ⑥ コンビニはオアシスであり忌むべき敵か

最近『コンビニは通える引きこもりたち』という新書を発見した。

中身は未読なので詳しいことは語れないが、ひきこもりと言えば若者特有の病（びょう）で、理由は不登校、もしくは就職失敗で、部屋から一切出ず、母親のことは「ババア」と呼び暴力も辞さないが、父親とはエンカウントしないことに命を賭けている生き物、というイメージがあるかもしれない。

確かにそういうひきこもりも存在するが、何せモーニング娘。の初期メンも今や全員アラフォー、リーダーにおいてはアラフィフである。前にも言ったが就職氷河期時代にひきこもりになった若者も今や中年以上なので、ひきこもり＝若者というイメージがまず間違っている。

また不登校や就職失敗で、社会に出ぬままストレートでひきこもり、そのまま中高年になった者だけではなく、10年20年と外で働いてきたが何らかの原因でひきこもってしまう、遅咲きの花だってもちろんいるのだ。

さらに、ひきこもりのいる家庭では必ずしも暴力が発生しているというわけではない。もちろん子どもがひきこもっていると家の空気は悪くなりがちだが、親の小言に対し暴力ではなく「ネットで求人情報を見ている」「ボイストレーニングをはじめた」などという「やる気はあるっす！」という姿勢でやりすごしている穏健派も、ひきこもりには多い。

このようにオタクの「バンダナにアニメTシャツ、指ぬきグローブ」という、もはや最後はオタクですらなく京極夏彦（きょうごくなつひこ）が混ざったままイマイチ刷新されていないイメージと同じように、「ひきこもり」のイメージも四半世紀前から意外と更新されていない。

ひきこもりも「多様化」の時代であり、この本ではそんな「現在のひきこもり」について書かれているようである。内容も興味深いが、秀逸だなと思ったのが『コンビニは通える引きこもりたち』というタイトルである。何せ、私自身がコンビニには通うひきこもりだからである。無職になって2年余り、外出といえば9割コンビニである。逆に言えば「コンビニにも通えないひきこもり」もいるということであり、ひきこもりといっても、そのこもりっぷりにはレベルがあるということだ。

私のようにコンビニ他、何かしら用があれば外に出るひきこもりもいれば、家どころか部屋からも一切出ない者もいる。他者との関わりについても、必要とあらば外部の人間と話す者もいれば、リアルの人間とは目も合わさないのに、ネットの中では「兄イ」と呼ばれブイブイ言わせている者もおり、リアルでもネットでも一切他人とは関わっていない真性のひきこもりも、もちろん存在する。

このように、ひきこもりにもタイプと程度があり、コンビニに行けるひきこもりは、ひきこもりの中でも軽度、逆に言えば四天王最弱、ひきこもりの面汚しと言っても良い。

ちなみに他にも店はいろいろあるのに何故「コンビニ」かというと、コンビニには食料品のみならず、雑誌や簡単な日用品も売っているので、そこに行けばひきこもりとして必要な物資が大体調達出来るので便利、というのもあるが、単純にひきこもりは「コンビニが好き」な気がする。少なくとも私は好きである。所用でどうしても外出しなければいけない時も、「ついでにコンビニに寄れるではないか」と己を奮い立たせるぐらいには好きである。

家の中で出来る娯楽も多いが、大体がネット、ゲーム、読書と種類は限られているため単調になりがちだし、ネットで情報はいくらでも手に入れられるが、物理的新情報には非常に乏しいのである。そういう生活を長く続けていると、「最新のお菓子と飲料が並んでいるコンビニ」というのはもはや一大エンターテイメントでありイリュージョンなのだ。たまにチュロスも売っているので、もはやディズニーランドと言っても過言ではない。

このようにコンビニというのは、ひきこもりにとって唯一と言っていいほど前向きに外出出来る場所であり、貴重な社会との接点とも言える。だが逆に、このコンビニこそがひきこもり生活最大の敵と言っても過言ではない。自分で生活費を稼いでいるひきこもりにとって、生活コストを下げることは非常に重要である。生活費が少なければ少ないほど、ひきこもりでいられる期間が延びる計算になるからだ。

ちなみに「ひきこもり」自体がコスパの良い生活スタイルであり、確かに今は通販とかガチャとかで家にいながらいくらでも金を失えるようになってしまったが、それでも外に出るよりは格段に無駄金を使わないのである。外に出てしまったらそれこそ「ついでにコンビニに寄ろう」という発想になってしまうし、コンビニに寄ったら、絶対に想定以上の金額を使ってしまう。

私も、1秒でも長くひきこもるために家計の見直しをしたところ、この「コンビニ費」がかなり高額であることが発覚した。大げさではなくコンビニに行くのさえ止めれば、ひきこもれる期間は大幅に延長されるはずである。

つまり「コンビニには通えるひきこもり」というのは、ひきこもりの中でも程度が浅い方で社会復帰の見込みもあると言えるが、ひきこもりとして生きていきたいなら「コンビニにすら通わないひきこもり」にまで自己を高めていかないといけない、ということである。実際、コンビニがひきこもり道を阻む悪とわかってからコンビニに行くことを控えているのだが本当に平気で10日ぐらい一歩も外に出なくなり、家族以外と話すことがなくなった。

社会人としては大幅に後退しているがひきこもりとしては大きな前進である。四天王最弱から、ワースト2ぐらいのひきこもりになれる日は近い。

## ⑦ 必要なのは信念、すべてにおいて無駄を省こう

前回コンビニはひきこもりの希望であり最大の敵ということがわかったため、できるだけコンビニ断ちをすることにした。しかしお菓子を断つというのは無理であり、そんなことをしたら生きる意味を失い、お菓子と同時に自らの命を絶つことになってしまう。よって、まず通販でお菓子をまとめ買いし、それを少しずつ消費することにより、コンビニに行く回数を減らし、いらない出費を減らす作戦にした。

そんなわけで我が家に届いた約一月分のイカれたメンバーを紹介しよう。

「カルビーポテトチップスうすしお味×24袋」以上だ。

このように、ひきこもりとして生きていこうとした場合、時には傍から見て「完全にイッてんな」というような行動も必要なのである。

実際、ひきこもりに似た、セミリタイアやアーリーリタイアをしている人に対する世間の目は割と冷たいという。まず若くして働くのをやめているため、「不安じゃないのか」という至極当然のツッコミを受けることになる。

さらに、「絶対に働きたくないでござる」という〈るろうに魂〉のもと、決して大きくない資産を霧や霞、4世代目の豆苗などを食う生活でカバーしながらセミリタイアしている人もいるので「生きてて楽しいか」と言われることも多いという。

つまり、ひきこもりには「信念」が必要ということだ。

不安ではないか、と問われれば「毎日通勤電車に乗る方がよほど情緒不安になり、各駅で降りて各駅で吐いてしまう」と答え、「楽しいか」と聞かれたら「お前の会社の忘年会よりは楽しい」と言い切れる揺るぎなき信念が必要ということだ。もしこのようなツッコミに気持ちが揺らいでしまうようなら、人々の意見に耳を傾けながら生きていった方がいい。むしろひきこもりはそれができないからこうなっている、ともいえる。

ひきこもりといったら、心が弱い人がなるものという印象があるかもしれないが、ライフスタイルとしてのひきこもりはむしろ「心強（ここつよ）」でないと務まらないのだ。

そんなわけで、ＩＡＭ24（イカれた俺が集めたメンバー24袋）と1ヵ月過ごしてみたのだが、効果はかなりあった。

コンビニに行かなければ、無駄な出費を抑えられ、さらに私の唯一の外出動機であるコンビニを封じたことで、外に出る回数を減らすことにも成功した。やはり「外出」というのは金銭的にも時間的にも無駄を作りやすい行為であり「ひきこもり」ほどコスパの良い生き方はないのだ。

このように、ＩＡＭ24のおかげでコンビニ費を半分ぐらいに抑えることに成功したのだが、その約50倍もの税金が引き落とされたのが今月末の事である。もしかしたら私に一番必要なのは些末な節約ではなく「国外逃亡」なのかもしれない。

実はこの「国外逃亡」もひきこもる方法の一つである。

多額の税金や国家権力から逃れるためという意味ではなく、その昔「外こもり」という言葉が流行った。日本より物価が安い国へ行ってひきこもるという作戦である。

確かに月収が日本円で10万だとしても、物価が10分の1の国に行けば月収１００万円ということになり、余裕でひきこもることができる。現在でも外こもりに行ったり、定年後海外に移住してラグジュアリーに過ごそうという人はいるようだ。

しかし、物価が安い分、命の価値もグラム37円という鶏むね肉価格だったり、日本より遥かにマッドマックスだったり、飯がマズかったり、何より言葉が通じなかったりと、不便なことも多く、日本に帰りたいが今更帰れないという状態に陥ってしまう人も少なくはないらしい。そもそも己の部屋からも出たくない人間に海の外に出るガッツがあるのか、という疑問もある。だが、どうにかして低い資産でひきこもりたく、グローバルコミュニケーションやジェスチャーには自信があるという人は、一つの手段として覚えておいても良いかもしれない。

このように、ひきこもりというのはコスパが良く、さらに金や時間というコストの多くを自分のために使えるというメリットがある。逆に言えば、他人のためにコストを使わないため、全く人間関係が構築できないというデメリットがある。さらにひきこもり生活を続けると当然ただでさえ低いコミュニケーション能力が低下し、今まで辛うじて話せていた店の店員系と接するのも恐怖に感じてくるため、リアルコンビニにも行けないひきこもりになってしまう危険性もある。

ひきこもりに必要なのは
強い心と行動力

このように、金銭問題に続いてひきこもりの大きな課題なのが、人間関係問題、コミュニケーション問題であり、これはまだ解決策を模索中だ。

ただ他人とのコミュニケーションや人間関係は大事だが、全てが大事というわけではない。

一回しか使っていないサブスクに５００円払い続けているのと同じように、どうでもよい付き合いに出費をし続けている場合も多く、その場合「飲み会代５０００円」など単価も高いし下手をすると、大して祝福したくもない結婚に「ご祝儀代３万円」を払う場合もある。ひきこもりでなくても、そういう人間関係は早めに「解約」しておいた方が良い。
全てにおいて「無駄を省く」のが、ひきこもり生活の第一歩である。

# ひきこもりの未来

逃げれる時に
逃げなりと
さらに恥をかく

# ①アドレスホッパーとひきこもり、どっちが偉い!?

今年も終わる。

しかし、ひきこもりというのはまず昼夜を見失い、次に曜日を忘れ、最終的に季節を喪失するので本当に終わるのか定かではない。だが幸い私には、季節が消えた後、純粋な「締め切り」だけが残されたため、あらゆる締め切りの前倒しを命じられることにより、辛うじて「年末」ということだけは理解することができる。

その理屈でいくと、今が「盆前」という可能性もなくはないのだが、「寒い」ので消去法でおそらく今は年末だ。そう考えると、日本のひきこもりというのは四季がある分、まだ時の流れを見失いにくいのかもしれない。しかし、四季といっても、春と秋というひっかけ問題もあり、私はよく5月と10月を間違える。

このように、精神と人体に少なからず影響を与える「ひきこもり生活」だが、今年はそんな「ひきこもり」が推奨されるという異例の一年であった。

「外出をするな」「濃厚接触をするな」と、今思えばもう少し下ネタに転用されづらい言い回しはなかったのかという気もするが、今までにない緊迫感に皆外出を控え、街はさながらゴーストタウン、もしくは20時を過ぎた我が村と化した。

しかし、時は過ぎ、コロナ自体は全く終息したとは言えないが、外出自粛に関しては依然ひきこもる人もいれば、お上の政策に従って、旅行や飲食やHELLにGO TOする人とに分かれている気がする。

外出や旅行をする人を責める気はない。私がセルフ外出自粛を続けているのはそれが性にあっているからであり、逆に「外出推奨政策」だったら、いつまでもひきこもっていられるかと、GO TOした人同様に「外なんかにいられるか！　わたしは自室に帰らせてもらう！」と翌朝、湖に逆さに突き刺さって発見される人ムーブをかましていたと思う。そもそも全員が自粛していたら経済が回らず、コロナではない死因でお亡くなりになる方も出てしまう。

つまり、外出自粛のことは俺に任せろ！　お前は旅行や外食で経済を回せ！　ただし鳥貴ランナーてめえはダメだ！　という役割分担をしているのだ。

もちろん、役割分担に大事なのは「適材適所」である。コロナをものともせずにGO TOするタイプの人が私と同じ生活をしたら、3日で狂を発するだろうし、逆に私が経済を回すために旅行しろと言われたら、空港の検温で37・5度以上が出るまで粘ってしまうだろう。それに、旅行が好きな人に旅行をさせれば、テンションが上がって無駄に現地で金を落としてくれるだろう。

逆に部屋にいるのが得意なヤツがひきこもったからといって、今まで特にプラスはなかったが、今は「コロナ感染拡大を防ぐ」という利点がある。いつも通りにしているだけで社会貢献ができるという、ひきこもりにとっては逆にボーナスステージなのだ。つまり、何事も「向いている」ことをした方が、成果も出せるし本人のストレスも少ないということだ。逆に、コロナウィルスの影響で、各々が向いている環境で生きて行く選択肢が広がったように思える。

一時期全国的に外出自粛となったが、その間社会活動も全く出来なかったかというと、ネットを使いリモートワークをしたり、自宅学習をしたりと、家から出ずとも仕事も勉強もやってやれないことはない、ということが判明した。

昨今、「結婚しなくても生きていける世の中だけど、あなたとだからあえて結婚する」といった若干上からのキャッチが「いいね」とされているように、家から出なくても、仕事も勉強もできるが、あえて外でやりたいという人はこれまで通りやれば良い。逆に家から出ずにやった方が向いている、むしろ外でやると病むという人は家でやるという風に、選択できる世の中になれば良いと思う。

家でも学習はできるが、勉強は学校へ行ってみんなでやるものなのだから、それ以外は許さないという風潮では、健全な青少年を育成どころか、未来の社会問題を生み出すことになってしまう。今年はコロナで大変なことだらけだったので、せめて生き方が多様化するきっかけになってくれればと思う。

　ところで、多様化する生き方の一つとして、最近「アドレスホッパー」というライフスタイルを知った。

「アドレスホッパー」とは「家を持たない」という、いわばひきこもりとは対極の生き方である。国内外を転々としながら、ホテルやホステルなどで暮らし、その場でネットを使って仕事をするそうだ。逆にお金がかかりそうだが、旅費と家賃光熱費はそこまで変わらず、さらに各地を転々とするゆえに無駄な物は持たなくなるという。

　その理屈でいえばひきこもりだって、「外出をしないことにより『移動時間』というロスと、外出によって起こる無駄遣いを極力そぎ落としたコンパクトな生活」として、ホッパー的なカッコいい名前がついても良いはずなのに、「それひきこもりでしょｗ」というクソリプしかつかないのは何故なのか。

　しかしアドレスホッパーも、悪く言えばホームレスである。仕事の有無の問題かというと、ホームをレスされている方だって働いている人は多い。

　結局「雰囲気」の違いな気がする。実際アドレスホッパーとして紹介されていたのは、小ぎれいな、いかにもＩＴ系の若い男性だった。

　これが「60代」というだけで、話が大きく変わって来てしまう気がする。

結局住所不定だろうが無職だろうが、「オシャレ」なら「そういうライフスタイル」としてゴリ押せるということなのではないか。違法薬物ですら、エリカ様が「これが私のライフスタイル」と言っていたとかいないとかで説得力がでてしまうのだから、「雰囲気」というのは大事である。

私は、今この原稿を、部屋のゴミさんたちに「ちょっとスペース借りていいですか？」と断って書いている。つまりどう見てもゴミの方が部屋主だ。このビジュアルで「ライフスタイル」と言っても、やはり社会問題にしか見えないのだ。

来年はもう少し「見栄え」を良くして、ひきこもりのライフスタイル化を目指していきたい。

## ②ひきこもりの地位向上を目指して

リモートワークの広がりにより会社員すら家から出ずにできるとわかった今、ひきこもりはもはや社会問題ではなくライフスタイルであると提唱し、ひきこもりの地位向上に努めてきたわけだが、イマイチ「犯罪者予備軍」「最終的に身内に始末される人」というイメージをぬぐえない。しかし、本当に家から出なくても過不足なく暮らせるところまではきているのだ。

実際、先日の全国的大寒波で我が村も積雪が続き、丸1週間家から出られなかったがちゃんと生きている。もしくは雪の中で生きている夢を見ているという、八甲田山状態に成功している。むしろ外で社会生活を送るより、ひきこもり生活の方が優れている面もたくさんあるのだ。

では「ひきこもり」がライフスタイルとして受け入れられるには、あと何が足りないのか、というと、やはり「カッコよさ」である。たとえ実情が伴っていなくても見栄えさえ良ければ持て囃されるし、人はそれに憧れてしまうのだ。

今でこそ、合コンで「フリーター」と名乗るや否やトングを渡され、「お前は料理を取り分ける時以外動くな」という指令を下される世の中になってしまったが、フリーターという言葉が出たてのころは「フリーター」は新しくカッコいい働き方であり、若者はフリーターに憧れていたのだ。これが「アルバイトで日銭を稼いで生計を立てている人」という言い方だったら、流行らなかったと思う。やはり「フリーター」という「言い方」が当時はカッコよく感じられたのだ。そしてメディアも、フリーターがいかに自由でクールな生き方であるかを報じた。

その後、時代が変わったり、社会保険がなく収入が頭打ちで年を取るとキツイなど実情が明らかになり、フリーターはなってはいけないものになってしまったが、フリーターがカッコよく、みんながそれになろうとした時代が本当にあったのだ。

「フリーター」がそうなれるなら「ひきこもり」がなれないはずはないのである。

実際私は今「在宅勤務命令により家から一歩も出ずに社会保険完備の固定給」という、フリーターより遥かに恵まれた邪知暴虐の編集者たちと仕事をしているのだ。

やはり、全ては「言い方」そして「見せ方」なのだ。

まず「ひきこもり」という言い方が良くないので、とりあえず英語にしておけばカッコいい戦法で行こうとしても、ご存じの通り、ひきこもりは英語で言っても「HIKIKOMORI」であり「HENTAI」に続く日本発の現象なのだ。全方位から、ひきこもりをカッコよくすることを拒まれている気がするが、ここで負けるわけにはいかない。

以下、ひきこもりのことを部屋にいる人という意味で「ルーマー」と呼び、意識高い系ライフスタイルサイトのインタビューに答えているという体でひきこもりの地位を向上していきたいと思う。

## 外に出なければという「強迫観念」を壊したい。「ルーマー」という生き方

新型コロナウィルスの蔓延により、世界的に「外出自粛」、つまり「ひきこもり」が推奨されるという異常事態が起こった。

しかしこれは本当に「異常」で、コロナ期だけの一過性のものなのか。

コロナウィルスは脅威だが、「家から出ない」という新しい「生き方」を確立させる後押しにもなったと語る「ルーマー」と呼ばれる人たちがいることを、あなたはご存じだろうか？

「ルーマー」とは、家から出ず、部屋と冷蔵庫を往復しながら通信機器とａｕひかりを使って生活する「ライフスタイル」である。ひとつの場所に留まりながら、仕事、買い物、娯楽、全てをこなす。高度なインフラとオンライン環境、黒おキャット様ヤ

マトの頑張りにより可能になった新しい生活のカタチだ。

家、もはや部屋からすらも出ない、一見窮屈に見える生活を「自由」と語る。「ルーマー」として生きるカレー沢薫（かおる）さんに話を聞いてみた。

## 部屋から出なければ世界が変わる

Q. 家から出ないとどんなことが変わりますか？

A. まず、昼夜、そして曜日、最終的に季節の「概念」がなくなります。時間というものに対し「フラット」な感覚になれて、今までいろんなものに囚われていたのだと気付くことができました。

Q. 「ルーマー」の良いところは？

A. まず徹底的に「無駄」がない。ルーマーをはじめてから「移動」というものが如何（いか）に無駄かわかりました。移動中に読書をしたり、季節の移り変わりに気づける人ならいいかもしれませんが、ずっと己の足先だけを見て歩き、電車で種火周回しかしない人間にとっては無駄でしかありません。私は田舎住まいなので、電車ではなく車ですが、車を運転する時間を種火周回に使えるようになりました。

Q.　部屋から出ないと視野や世界が狭まりませんか？

A.　むしろ「視野を広げるためには海外に行ったり、人脈を広げなくては」と思い込んでいること自体、視野が狭いのでは。本当に、もう海外に行かなければ新しいことを発見できない、というレベルまで国内、そして「室内」について知り尽くしているのでしょうか？　外国の初めて見る風景は感動的でしょうが、突然、頭（ず）が痛くなり、のたうち回った部屋で、一体いつ買ったのかすら不明な「野生のロキソニン」を発見する感動も、それに引けをとりません。つまり「発見」や「感動」はどこにでもある。それを部屋で見つけられる「ルーマー」はあらゆる意味で「コスパ」の良い生き方と言えます。

Q.　ルーマーはお勧めできる？

A.　生き方は人それぞれなので何とも言えませんが（炎上避け）、今に限ってはお勧めできます。何故なら「ルーマー」は非常に「安全」。今は、夜の街の客引きが「安全なおっぱいあるよ」と声かけするぐらい「安全」が一番大事なんです。ルーマーほど安全な生き方はありません。ウィルスはもちろん、ウィルスより性質の悪い「他人」がいませんから。「安全」が最重要視される今、ルーマーは「最先端」の生き方と言えるでしょう。

Q. 最後に一言。

A. 世界というのは外にあるものではない、自分が部屋の中に「創り出す」ものなのです。

## ③ひきこもりでも、いいじゃない

前回、ひきこもりを意識が高い系ライフスタイルのように語ることで、かなりひきこもりに憧れる若者が増えた錯覚を感じている。

すでにひきこもりの地位は上昇し尽くしたとは思うが、まだ何か足りないとしたら「同じ主張をする人の存在」ではないかと思う。主張というのは、それがどれだけ正しくても、それをしているのが一人だと「近所の変わり者が何か騒いでる」としか思われないのである。私が近所の変わり者であることは否定できないが、そのせいで長らく正しい主張が封殺され、救えた命が救えなかった例だってあるのだ。

新型コロナウィルスに対し、我々民草ができることと言えば「家から出ない」「むやみに他人と濃厚な接触をしない」そして「手洗い」などで清潔を保つことである。

改めて「手洗い」という古典的作法の重要性が説かれ、ハンドソープや消毒液が売り切れ、高額で転売されるという、いつもの地獄が展開されたのだが、この「手洗いが感染を防ぐ」という当たり前のことが当たり前ではなかった時代もあるのだ。

この「手洗い」を発案した人がどうなったか、簡潔に言うと、まさに他の医者から「何か変わり者が騒いでいる」扱いされ、ちょっと精神が疲れた人が収容される病院に送られ、そこで衛兵から虐待を受け敗血症で死んだ。

まさか「手洗い」という、世界中で大絶賛な行為が、こんな救いようのない話で始まっていたとは思わなかった。それを知って以来、手洗いをするたびにドンヨリした気持ちになるので、みんなも一緒に手を洗うたびにドンヨリしてほしい。

唯一救いがあるとすれば、死後、やはり手洗いは正しいと再評価され、この人の名が手洗いの始祖として残っている点だと思う。これだけ酷い目に遭っていたら、死後「実は手洗い発明したのオレなんすよ」と手柄をごっつぁんする奴が現れても不思議ではない。

ともかくこの人が、周囲の塩対応に負けずに手洗いの大切さを説いたから、今手洗いが当たり前のものとして受け入れられていると言える。そうでなかったら、今頃「コロナ感染を防ぐために帰ったら必ず祈禱をしましょう」という話になっており、さらに感染が拡大していた恐れがある。

よって私も、今は衛兵にぶん殴られる側でも、数百年後、ひきこもりという生き方が当たり前になっているように、主張をやめるわけにはいかないのだ。しかし、不遇の死を遂げたいわけではないので、同じ轍は踏まないようにはしたい。

手洗いの始祖の悲劇が何故起きたかというと、やはり「同じ主張をする奴がいなかった」せいだと思う。他にも何人かいれば、もしくは権威のある奴が一人でも味方につけば、話は変わっていたはずである。ひきこもりも、賛同者がいればもっと説得力が増すはずなのだ。そこで思い出した言葉がある。

「ひきこもりでも、いいじゃない」

みつをが味方に!?　と思われたかもしれないが、残念だがそうではない。

これは私が10年近く広報誌を描いている写真美術館の取材で聞いた言葉である。その時開催されていた展覧会の裏にあるテーマが、それだったのだ。雄大な自然を写した写真は素晴らしいが、その写真を撮るためには、家を出て、雄大な自然の驚異に立ち向かわなければいけないのである。私の好きな映画『八甲田山』も、ガチ雪山で撮影したことで有名であり、あまりに苛酷な撮影ゆえに脱走者が出て、ストが起こりかけたので、撮影陣自ら冬の湖に入水（にゅうすい）して誠意を見せた、などヤバい逸話には事欠かない。しかしそうやって撮影したからこそ、私のようなひきこもりが、家から出ずに冬山の恐ろしさを知り「やはり家の外はクソ」という考えを新たにできる名作が生まれたのである。

良い作品を作るには、必ずしも雪山や紛争地域に行かなければダメなのか、というとそうではないのだ。その写真展では、一見星空に見えるが実は部屋のホコリを撮影したものだったりと、スモールな世界の中での発見をテーマにしていたのだ。

つまり、外に出て広い世界を見なければ新しい発見はなく、可能性は広がらないというわけではないのだ。むしろ、インドにさえ行けば俺の可能性は広がると思い込む方が、冬の八甲田に挑むより危険である。

雄大な自然に挑んで壮大な作品を撮ることは素晴らしいが、狭すぎる世界で自分だけしか気づかないものに気づいていくクリエイティビティというのも存在するのだ。どちらが必ず正しい、というわけではなく、どちらも「選択肢の一つとして正しい」のである。

このように、「ひきこもりはライフスタイル論」への賛同者、もっともらしい理由は常時募集中である。

私が、謎の施設に連れていかれ、衛兵にぶん殴られる前に頼む。

## ④『ジョジョ』から学ぶ現代人の自己肯定感

ジョジョの名シーンといえば、必ずと言ってよいほど「さすがディオ！　おれたちに出来ない事を平然とやってのけるッ　そこにシビれる！　あこがれるゥ！」が挙げられる。

これの名シーンたる所以(ゆえん)は、セリフ、絵全てが強く、この1コマだけで成人男性に必要な栄養素が全て取れた上に運動の必要があるというハイカロリーぶりにあるが、それよりもっと特筆すべきは「おれたちの出来ないことに対してシビれてあこがれている」という点だ。要らない「ッ」や「ゥ」を排除して言い直しただけというわけではない、むしろ「ッ」と「ゥ」こそが本体説まである。

だがよく考えてみてほしい、確かにディオさまが目の前で俺たちに出来ないことを平然とやってのけていたら、もはやシビれるかあこがれるか、血反吐(ちへど)吐いて死ぬしかないと思う。

しかし、自分と大して立場が変わらないと思っていた一般人が自分に出来ないことを平然とやってのけたら、普通に落ち込むし自己嫌悪に陥らないだろうか。つまり、あのシーンは目の前で他人が自分に出来ないことを平然とやってのけている時の反応として、極めて健全で健康的という意味でも評価が高いのではないだろうか。

「なんであんなことが出来るんだよ……それに引き換えおれは……」と落ち込んでいたら、こんなに評価されておらず、むしろ屈指の鬱シーンとして後世に残り続けていた可能性がある。

自己嫌悪というのは体に悪い。むしろ他人に憤る元気があるうちはまだ良い。原因が他人であれば距離を置けば良いし、最悪暴力による排除を試み、自分が収監されることにより原因から遠ざかるというピーキーテクもある。しかし、原因が自分にあるとしたら、その原因から離れることは物理的に無理であるし、自分を変えるというのも容易ではない。

よって、自己嫌悪は最初からしないに限る。

自己嫌悪というのは、他人に迷惑をかけてしまった、他人と比べて自分は劣っているなど、とにかく他者との関わりによって生じることが多い。つまり、ひきこもって他人に関わらないことにより、自己嫌悪を防ぐことが出来るのだ。そもそも自己嫌悪の元であるコンプレックスというのは、他人さえいなければ発生すらしないのである。

「局部が小さい」というコンプレックスも、自分より巨大な人間がいるから生じるのであり、他に1本もなければ大小という概念すらなく、自分のものがオンリーワンかつナンバーワン、同時にワーストワンでもあるが、少なくとも優劣で落ち込むということはなくなる。

ならば、ひきこもりを続けることにより、自己嫌悪を起こさなくなり、自己肯定感の塊になっても良いはずなのだが、何故かひきこもりは常に自己嫌悪しており、ひきこもり期間が長い者ほど自己肯定感が低い傾向にあるような気がする。

ひきこもることで比べる相手がいなくなり、唯一無二の巨根、天上天下唯我独棒になったのに何故自信を失うばかりなのかというと、まず「ひきこもり」という行為自体を外で働いている人間と比べてしまっているからと思われる。つまり、外にいる人間を滅ぼしてしまえばラストスタンディング棒となり、全てのコンプレックスから解き放たれることが出来るのだ。

しかし、人間を滅ぼせるタイプはそもそもコンプレックスとは無縁な気もする。せっかく近くに比較対象がいなくなったのに、なぜわざわざ「外の人間」などという巨大なものと自分を比べて落ち込んでいるのか、という気もするが、そもそもひきこもりというのは自分と他人の比較を止められないタイプなのかもしれない。

この「他者との比較がやめられない」というのは、「絶対に幸せになれない」という意味で、ある意味一番不幸である。比較がやめられないということは、自分がどれだけ上へ行ってもさらに上の人間を探して比較するので永遠に劣等感を抱き続けることになるのだ。そこから解き放たれるためにはやはり自分以外の人類を滅ぼすしかない。

つまり大体のことは人類を滅ぼせば解決であり、多分地球温暖化とかも止まると思うので、宇宙規模で見ても一石二鳥である。もし人類を滅ぼすのはちょっと難しいという場合は、他者との比較をやめるしかない。ある意味これも人類滅亡級にむずかしいのだが、消去法でいけばこっちの方が簡単なのではないかと思う。とはいえ、他人を完全に意識しなくするというのも無理である。

ここで出てくるのが冒頭のジョジョの名シーンだ。彼らは「俺たちに出来ないことをやってのける」と自分と他人を比較してはいるが「そこにシビれるあこがれる」と、相手を肯定するのみで「それに比べてオラたちはシナびてる」などとは言っていない。

よって、ひきこもりになって「外で働いている人は偉い」と思うのは良いし、実際に偉い。しかし「それに比べてひきこもっている自分はダメ」と思うのはやめよう。そもそもそう思う根拠がない。

どうせならもう一歩進んで、「外で働いている人は偉い、だが家にひきこもっている俺も偉い」というところまで持って行った方がいい。

もちろん何が偉いのか、根拠はない。だがどうせ根拠がないなら、否定よりは無根拠に肯定したほうが健康にいいし、自信をもってひきこもりを続けられる。

## ⑤ 自己肯定感の低いひきこもり VS.ドストエフスキー

ひきこもりに限らず「自己肯定感」というのは非常に大事である。むしろこれがなければ、どれだけ才能や容姿に恵まれていても永遠に自分に自信が持てず、他人の顔色ばかり窺って生きることになってしまう。

片や自己肯定感さえあれば、朝、5枚刃で分離させたはずの眉毛が夕方にはつながり、もみあげまであと一歩にキてしまうようなユニークフェイスに生まれたとしても、「ウケる」の一言で解決し、あとは屁をこいて爆睡するだけの明るい人生が送れるのである。しかし、残念ながら日本人は諸外国の人よりも自己肯定感が低いといわれている。

これは日本が「謙虚」を美徳としている、逆に言えば「自信満々な奴が大嫌い」なお国柄であり、少し大口をたたいた人間が思ったほど結果を残せないと、すぐに「ビッグマウス3選」みたいな動画にまとめられ、さらにそれをパクった動画が10個ぐらい作られて、後世にわたって笑いものにされてしまうのであろう。

そのように、太鼓の達人なら確実に世界新なレベルで叩かれている人間を見れば「決して大口は叩くまい」と胸に和彫りし、「いやいや拙者なんて」という態度を取るようになってしまうのは当然である。

しかし、最初はただの謙遜でも「拙者ごとき」と言い続けていたら、本当に「拙者はごときなのだ」と思うようになってしまい、ごときであれば自分が便所に行っている間に二次会会場に移動されていても仕方がない、と思うようになってしまうのだ。そしてそのような「ごときムーブ」ばかりかましていると、周囲にも「ははーん、さてはこいつごときだな？」と確信されてしまい、ますますごとき扱いされるようになってしまう。

このようにいわゆる「なめられキャラ」だと周囲に認定されてしまうのは、非常に危険なことである。

昔「誰でも良かった」と言って通りすがりの元力士に殴りかかったという、真性の誰でも良かった人がいたらしいが、大体の通り魔は誰でも良かったと言いながら、ちゃんと自分より弱そうな相手を選んでいるのである。なめられキャラはそういうタイプに、「君に決めた」されやすいのだ。さらに攻撃対象というだけではなく、「道を聞かれる」など「ちょっと面倒な事」にも巻き込まれやすい。

ちなみになめられキャラはコミュ症にもターゲットにされやすい。コミュ症というのは基本的に人間を恐れているので、専ら絶対怒らない人ばかりに話しかけ、依存してくるのである。社会性のある人の後ろに、病魔のようなパートナーがいるという現象はそのようにして起こるのだ。そういう依存コミュ症タイプを「悪霊退散！」と猛ビンタで追い払えればよいのだが、何せ自己肯定感が低いので「こんな自分を頼ってくれるなんてありがたき幸せ！」と共依存になりがちなのである。

このように、自己肯定感が低くて得することはあまりないので、あまり下がり過ぎないようにしなければいけないのだが、ひきこもりというのは割とこれが下がりがちなのである。

先日、2階のベランダに干していた洗濯物を取り込んでいると、風で飛ばされた我が家の洗濯物が隣家の車庫の屋根に落ちていることが判明した。

これは大ピンチである。

落ちていたのが、峰不二子（みねふじこ）以外着用を許されていないレザーのボンテージだったからというわけではない。隣家に落ちたということは、隣家とのコミュニケーションの必要が出て来てしまうからだ。普通であれば、隣家に一言断って取らせてもらえば良いのだろうが、それが出来ないのである。まず自己肯定感が低いと、もはや「自分が話しかけただけで罪」という感じがするし、罪に対して罰という、ドストエフられる恐怖があるのだ。

## ⑥ 自分のフィールドでスーパープレイすればいい

尊厳や自己肯定感というのは、人間として生きていくためにはもっとも大事なものである。

よって、社会の荒波の中で止まらなくなった自己肯定感の下落を一旦ストップさせるために、「ひきこもる」というのはある意味正しい行為である。しかし、ひきこもることによって下降は止まっても、上昇することは稀であり、むしろしばらくすると再び下降が始まるケースが多い。だからといって、外に出て自信を取り戻すということもできないため、底抜けに自己肯定感が下がっていき、あっという間に「誰か殺してほしい」という、この期に及んで他力本願寺かよという寝言が口癖になってしまうのである。だが、その願いを神様ではなく親が叶えてしまったという悲惨な事件もある。ひきこもりになるにしても、自己肯定感の下落による自暴自棄は、予防していかなければならない。

ひきこもりの自己肯定感が下がりやすいのは、まず社会が「ひきこもり」を悪いものとして扱っているからに他ならない。今でもひきこもりの話題は「社会問題枠」であり、ニュースキャスターが「では次はお待ちかねのひきこもりの話題です！　レポーターの東海林さーん！」などと元気よく言っているところは見たことがなく、大体神妙なツラで「高齢の親が50代の子どもを……ひきこもりの話題です」というようなブリッジをかまされている。

百歩ゆずって明るいひきこもりを取り上げたとしても、働いたら負けのひらきなおり系であり、どちらにしても一人でも数を減らすべき害悪として扱われている。

つまりひきこもりになった瞬間、まだ何も害していないのに自分は社会の害悪になってしまった、という自己肯定感の大暴落が起こってしまうのである。

しかし、世間のひきこもりに対するイメージを変えるというのは、簡単なことではない。よって世間のイメージに負けないよう、自分の意識を変えていく必要がある。

まずひきこもりは、自分のことを「敗残兵」と思っている節がある。社会という戦に敗れ、落ち延びた先がひきこもりであり、この「逃げた」という負い目がひきこもりの自己肯定感を削っていくのである。よって、「ひきこもり」＝「社会や現実からの逃避」という意識から変えていかなければならない。

まず「ひきこもり」＝「逃げ」という考えが適当とは言えない。

ひきこもりがどこにひきこもっているかというと、おそらくほとんどが自宅にひきこもっていると思われる。もしひきこもり先が、他人の家や私有地だという場合は、ひきこもりというよりは立てこもりであり、別の問題と事件性を帯びてくる。自宅ということは文字通り「ホーム」であり、元々あるべき場所ということだ。つまり外にいる方がイレギュラーな状態であり、ひきこもりはそういった異常な状態から「元に戻っただけ」と言えるのではないだろうか。それに、家にいても家族から小言を言われたりと、煩わしいことは起こるのである。

つまり外に出て活動することは「外に逃げている」と言えなくもないのだ。「何もしないで寝ていた」と言ったら怠けているように聞こえるが、逆に起きて働いているのも「眠ることから逃げている」のである。

働くことから逃げることで様々な問題が起きるのも事実だが、眠ることから逃げたことで早死にする人間がいるのも事実である。つまり、全ての行動が何らかの逃避であり、ひきこもりばかりが逃げていると考えるのは間違いである。

そもそも「逃げる」というのは悪いことなのか。『逃げるは恥だが役に立つ』という、5億倍売れている漫画もあるように、仮に恥であっても有益であるのは確かである。

また、それより大昔から「三十六計逃げるにしかず」という言葉もある。

どんな戦法も逃げるに勝ることはなく、ある意味、外で戦い続けている人間よりも早々に家に逃げた人間の方が正しいまである、ということだ。つまり逃げを否定するのは、うちの孫子ニキが嘘をついているという言いがかりであり、ちょっと事務所に来て詳しい話を聞かせてもらっていいかな、という案件なのだ。ちなみに孫子は書物の名前でもある。今調べて初めて知った。そういう意味でも「逃げ」には学びがある。

よって、ひきこもるという行動が「逃げ」だったとしても、逃げること自体は間違っていないので、逃げた自分を否定する必要はないのだ。そもそも、外と中を比較し、どちらかが良くてどちらかがダメと勝敗を決めて落ち込む方がナンセンスと言える。外と中は文字通りフィールドが違う。つまり野球とサッカーみたいなものである。

よって、ひきこもりが外で活動している人間と自分を比較して自己肯定感を下げるというのは、野球選手がサッカー選手を見て「あいつリフティングマジ上手いな」と落ち込んでいるようなものだ。

ひきこもりになったら外にいるプレイヤーのことは考えず、自分がフィールドに選んだ家の中で、どのようなスーパープレイをしていくかを考えた方が良いのだ。

逃げれる時に
逃げないと
さらに
恥をかく

# ⑦ひきこもりが直面する、社会の難易度高すぎ問題

ひきこもりの問題は家庭内だけで解決することは難しく、外部の支援が必要である。

というようなことを3回ぐらいコピペしてきたが、具体的に「外部の支援」はひきこもりとその家族に何をしてくれるのだろうか。いくら支援会と繋がったとしても、そこで行われているのが一日中お互いの容姿を爆笑し合うグループディスカッションだったら、外に出るどころか家の中でも紙袋をかぶって生活するようになってしまう。

そこで我が村の支援団体の支援内容を見ると、「一人一人にあった対処法を考える」という至極当然のことが書かれてあった。確かに機械であれば共通のマニュアル通りにすれば直るものであり、「一つ一つのルンバにあった修理をします」ということはない。しかし人間は機械より遥かに劣っているため「対処するためにまず対処法を探すところからはじめる」という、ラーメンを作るためにまず小麦を育てるよう

な、ＤＡＳＨ村方式で当たらなければいけない。しかし機械にも、「コンセントが入っているか確認する」という全機種共通の対処法があるように、ひきこもりにも基本的な対処法はあるらしい。

ひきこもりからの脱却は、やはり段階的にやることが大事だそうだ。やはり引き出し屋に頼んで無理やり外に出すという方法はあまり良くないらしい。人間より遥かに優れている機械であれば「殴ったら直った」ということもあるかもしれないが、脆弱な人間に同じ方法をとると最悪再起不能になってしまう。

まずひきこもり脱却のゴールはどこなのか。もし「部屋から出す」ことであれば、力士を二人ぐらい雇えば解決である。だがそれは首を斬り落とすことにより「５キロのダイエットに成功！」と言っているようなもので、根本的解決にはなってない上に、また別の問題を引き起こすことになる。おそらくひきこもり問題の解決というのは、物理的に外に出ることではなく、外部の人間とコミュニケーションを取ること、そして就業し経済的に自立することだと思われる。その両方を兼ね備えているのが「就職」である。実際は「会社に入れば外部の人間とコミュニケーション出来るといつから錯覚していた」であり、会社にいても普通に孤立するのだが、収入が得られるのだけは確かである。しかし、いきなりひきこもりがフルタイムの正社員になるのは難しい。段階的にやるとしたら「アルバイトから」などが正しいように思えるが、実はそれでも「17歳でハーバード大学卒」のような、雑な漫画に出てくる雑な天才キャラレベルの飛び級なのだそうだ。もちろんひきこもりの年季によるが、ベテランクラスになると、まず家族とコミュニケーションを取らせ、それで大丈夫になったら外部の人間が家に訪問し接触するという。つまり、家から出す前に2フェーズは挟むというミルフィーユ仕立てだ。そしてやっと外に出られるようになったとしても、いきなりアルバイトなどは時期尚早だという。

まずは、ひきこもり当人や家族が集まる会などに所属し、そこでコミュニケーションが取れるようになったら、次はひきこもり以外がいるグループにも入ってみて、ポリス沙汰などの問題が起きなければ、そこではじめて「就労」という選択肢が視野に入ってくるという。

ひきこもり一人を働かせるのに伝統工芸なみの工程を経ているような気もするが、逆に「社会に出て働く」ということの難易度が高すぎであり、それが「当たり前」と認識されている社会の方に問題があるのではないか。社会に出て働くというのは特別な才能を持った人のみが出来ることであり、カテゴリーとしては「プロ野球選手」と同じと言っても過言ではない。

つまり会社勤めをしている人は「プロ社会人」なのである。野球の才能がない人間が「プロ野球選手になる」と言い出したら、「身の丈にあった職業につけ」と止めるのに、なぜ社会性という才能を持ってない人間が社会のプロである「会社員」になると言いだしても止めないのか、身の丈にあった職業につけというなら「会社員なんてお前には無理だ、無職ぐらいにしとけよ」と諭さないのだろうか。

つまり、社会で働くという高難易度クエストにひきこもりを挑ませるより、社会自体の難易度を下げた方が早いような気がする。むしろ、これだけひきこもりが発生してしまったのは、社会の難易度が高すぎるせいなのではないだろうか。コース難易度が高ければ、脱落者が増えるのは当然である。

脱落者をコースに戻す支援も大事だが、脱落者を出さないよう最初から社会をヌルゲーコースにするのも大事なのだ。

## ⑧ ひきこもりと呼ぶなかれ

現在コロナ感染者数が未だかつてなく増えてしまっているようだが、同じコロナでもその症状はかなり個人差があり、最悪死に至る場合もあれば、自覚症状すらない場合もあるらしい。

さらに「後遺症」にも個人差があり、味覚障害から倦怠感まで様々なようで「陰茎が短くなった」という報告も少なからずあり、3・8センチも縮んだ人がいるそうだ。これを聞いたとき、若干笑ってしまい他所でネタにしたこともあったのだが、よく考えたら「病気により後遺症が残った人を笑う」というのは、去年入れたインプラントのネジすら残らぬほど燃えてもおかしくない行為だ。ちなみに、火葬後の骨ひろいでインプラントのネジが残ることは、普通にあるらしい。

私はすでにインプラントに総額三桁万円以上かけており、本体価格より高くなってしまっているので、ぜひ拾って壺に入れて欲しい。ともかく、陰茎が短くなろうがその分キンタマが倍になろうが病によるものであり、本人にとってはこれ以上なく深刻なのだから絶対に笑ってはいけない。

しかし、未だに「痔（じ）になった」というコールに対し周囲が無意識に「口角を上げる」というレスポンスをしてしまうように、一旦根付いた「下関係の疾患はちょっと面白い」という「イメージ」を払拭するには長い時間がかかる。

つまり「イメージが悪い」というのはとても不利なことなのだ。そして「ひきこもり」も非常にイメージが悪い存在である。むしろこのイメージの悪さがひきこもり問題を助長しているともいえる。

最近ＹｏｕＴｕｂｅで不倫妻やモラハラ夫、クソ姑（しゅうとめ）などが成敗される動画を見て己の正義感を高めている。どれも「悪いことをした奴が罰せられる」というオチであり、「托卵（たくらん）」など、出てくる用語は若干難解だが、勧善懲悪の教材として子供に見せても良い。

だが、これらの動画に一つだけ言いたいことがある。悪者の末路として「慰謝料を払うために昼も夜もなく働いている」というのは良いのだが、「ひきこもりニートに成り果てた」も結構多いのである。つまり悪いことをした奴は罰としてヒキニートになるのがお似合い、というイメージが少なからずあるということだ。

当たり前だが、ひきこもりは悪いことをしたからなるわけではない。もちろん悪いことをして国家権力から逃れるためにひきこもっている人もいるかもしれないが、パワハラやいじめなど悪いことをされてなった人もいるのだ。だが、ひきこもりのイメージが極めて悪いため、甘えや自業自得でそうなったということにされてしまい、本人もヒキニートなる悪人の終着駅に自分がなってしまったことに自己嫌悪を感じ、より内にこもってしまったりするのだ。よって、現在ではひきこもりの悪いイメージを払拭すべくメディアがひきこもりの特集を組んだり、元ひきこもりの著名人が体験談を語るなど、ひきこもりの悪いイメージを変える動きは増えてきているように思う。

だがそれ以前に、「ひきこもり」という名前自体が失敗しているような気がする。ネーミングとしてはかなりセンスがあるのだが、国を挙げて解決すべき問題としてはあまり深刻さが伝わらないし、親しみがありすぎて「俺休日は全然外出てなくてマジひきこもりですわ」などウザい自己アピールに使われさらにイメージを悪くしているような状態だ。そのせいか現在でも当事者以外にはひきこもりの重大性が認知されていない気がする。「複雑骨折」とかであれば、どのくらいややこしく骨折しているのか具体的にはわからないが字面だけで「ただごとではない」と理解するし心配もするだろう。

ひきこもりも最初にもっとただごとではない名前をつけていたら現状は変わっていたかもしれない。今でこそ、「振り込め詐欺」は巧妙な詐欺で誰でも騙される可能性があると周知されてきているが、最初は「オレオレ詐欺」だったため「そんなのに騙される方がバカ」というイメージになってしまい、危機感を持ちにくかった。これでは良くないと思ったのか、その後オレオレ詐欺は「母さん助けて詐欺」という、さらに危機感がなくなった上にジェンダーバイアスまで盛り込まれるという最高に舐めた名前になったのだが、もちろんそれは浸透せず、「振り込め詐欺」で落ち着いた。

実は、ひきこもりという名前は良くないのではという意見は出ており、去年専門家が変更すべきだと提言したらしい。その名も「社会的距離症候群」だ。

大仰で大変よろしい。ひきこもりよりも大分ヤバそうな感じがするので、この連載も次回から「社会的距離症候群処方術」にしようかと思う。タイトルだけ見たら偉い先生が書いていると思うに違いない。ここで「お願いだから出てきてちょうだい症候群」とかにせず、ちゃんと素人でも「なんかすごそう」と感じる字面にしたのは正解だ。やはり「母さん助けて詐欺」の失敗が生きているのだろう。

それを考えると、あれは必要な遠回りだったのだ。

## ⑨ 日本にとってのひきこもりは香川にとってのうどん

相変わらずひきこもりに関するニュースを週1ペースで収集しているのだが、毎週ちゃんと新しい記事がヒットする。こっちは助かるのだが、国単位で考えるとあまりよくない状況なのかもしれない。

だが、そもそも日本はひきこもりの原産国なのである。日本でひきこもりの記事がないというのは、香川でうどん屋のシャッターが全部閉まっているレベルの異変といえ、むしろ今年もひきこもりが豊作であることを、宇迦之御魂神（うかのみたまのかみ）に感謝すべきなのかもしれない。しかし世に出ているひきこもり記事というのは大体深刻であり、ニュースサイトであれば「社会」カテゴリに掲載されていることが多く、未だかつて「エンタメ」に入っていたことはない。その中でも最近多いひきこもりニュースは、コロナによるひきこもり増加、そして８０５０問題についてだ。

今日読んだ記事は「ひきこもりの原因は毒親の虐待にある」というもので、ちょっと俺の肩と胃には重すぎる内容のものであった。だが我が国にひきこもり家庭が多い傾向は確かなのだろうが「問題のあるひきこもり家庭」というのは、ただ単に極力家から出ようとしない人間がいる家庭のことではない。

学校にも行かず仕事にも行かず、他の家族に生活の全てを依存し、支える家族がいなくなった時点で破綻、もしくは既に共倒れになりかけている家庭のことだ。ひきこもり本人が自立できておらず、さらにそのせいで経済的に逼迫（ひっぱく）したり、家庭内破壊活動が行われているのが、問題のあるひきこもり家庭ということである。どれだけ部屋から出てこなくても、壁や家族を破壊することなく、部屋に2兆円あれば問題はないのだ。

つまりひきこもり家庭に2兆円渡せばひきこもり問題は解決である。なんだったらひきこもりがいない世帯にも、2兆円配れば大体の社会問題は解決する。こんな単純な方法があるのに何故いまだに施行されないのか不思議なくらいだ。騙されたと思って一回我が家に2兆円配布してみてほしい。

ともかく、ひきこもり問題を解決しようと思ったら「部屋から出す」というのはマストではなく、ひきこもったままでも自立し、社会との関わりが持てれば解決なのである。

そんなわけで、今私の部屋の床には「起業時代」という雑誌が横たわっている。何故床に本が置いてあるのかと思うかもしれないが、「床に物がある」というのはひきこもりの基本である。それがわからないようなら一からやり直しだ。

ひきこもりが起業なんて、魚類が陸上競技に挑むようなものと思うかもしれないが、逆である。ひきこもりというのは、社会や集団に馴染めなかった人間がなりがちなのだ。つまり「会社勤め」こそが、ひきこもりという魚類にとっては陸上競技なのである。

会社に所属もできない奴が、起業して会社のトップになるなんてできるわけがないだろうと思うかもしれないが、この雑誌によると、会社を興すだけではなく「イカれた社員を紹介するぜ、俺！ 以上！」という一人親方、つまりフリーランスも「起業」に入るらしい。その定義でいうと私も「起業家」ということになり、「そんなもの目指すな」という結論になってしまうが、向いていない会社勤めをして再び自室に凱旋ひきこもりするぐらいなら、自分にできる仕事を一人で請け負う方が、ひきこもりにとって自立の近道なのではないだろうか。

実際この「起業時代」には、「大学時代の仲間と会社を立ち上げた」というあからさまな意識高い系コミュ強の姿が多く見られるのだが、それに紛れるように「俺たち」の姿も散見される。大体そういうタイプは会社設立ではなく、フリーランスになっているだけなのだが、「起業時代」が起業と言っているからにはそれも起業なのだ。

紹介記事によると、現在フリーのライターとして活躍している男性は昔から集団に馴染めず、自分にはとても組織の中で働くのは無理と絶望し、大学を卒業後自決すら考えたが、得意分野である歴史のライターになることにより、自活はもちろんのこと家庭を持つこともできたという。もちろん起業を勧める雑誌なのでフリーライターという職業がいかに不安定で、親戚の集まりで居場所がないか、等については書かれていないが、自決に比べれば大成功である。だが、どう見ても彼は一歩間違えれば、ひきこもりとなり8050の50側になりかねなかった逸材だ。

逆に言えば、今50側にいる人間も一歩踏み出せば自立ができるということでもある。彼のように「会社勤め」などというできないことは最初から諦め、自分にできることで生きていく手段を考えた方が上手くいく場合もある、ということだ。だが、ひきこもりになるメンタルの人というのは大体「自分には何もできない」と思い込んでおり、しかもそれが思い込みではなく、マジで何もできなかったりもする。

だが私のように、「俺には何もできない」ということを延々描き続けて仕事にしている人間もいる。

もはや何が金になるかわからない世の中である。「呼吸するだけの簡単なお仕事」だって探せばあるかもしれない。なければ自分で「呼吸代行業」を始めるという手もある。

そうすればもはやひきこもりではなく「起業家」であり、ひきこもり問題は解決したといえる。

# ⑩ 話が尽きないひきこもり、そこに問題の根がある

実はこの連載はもうすぐ最終回を迎える。

よく「ひきこもり」というワンテーマだけで2年以上ガタガタ言うことがあったと思う。普通なら3回ぐらいで昨日見た夢の話が始まるところである。しかしこれこそが、ひきこもり問題がなかなか解決しない原因と言って良い。

もはや原因が見当たりすぎて、どれなのか見当もつかなくなっていると思うので答えを言うが、家から一歩も出ずとも「ひきこもりについて2年以上ガタガタ言う」などのやることがあり、それをインターネットなどに発表すれば誰かしら相手にしてくれる人間、もしくは相手にしてくれる人間の幻覚が現れてしまう、という点である。

つまり昔に比べて「家から出ずに出来ること」が格段に増え、むしろ家から出なくても生活出来るようになってしまったことが、ひきこもり問題発生の原因と言っても過言ではない。

今多くの人が嫌々働いているのは、働かないと生活出来ないからである。働かない

で生活出来るなら大体の人は働くのを止めるだろう。それと同じで、これまで外に出ないと出来ないことが多かったため嫌々外に出ていただけで、それが出ずに出来るとなったら、嫌々出てた勢が出てこなくなるのは当たり前である。そういう勢に「外に出ろ」と言うなら返す刀で放たれる「何のために？」に対するアンサーを用意しておかなければ相手は瞬時に論破を確信した時のひろゆきフェイスになるため、「暴力」というアンサーでポリス沙汰になってしまう。

人生の選択肢が増えた現在、どれだけ少子高齢化を解決しようとしても、結婚して子供を産まなければ出家か山姥（やまんば）になるしかなかった時代まで出生率が戻ることはほぼないだろう。戻そうと思ったら「選択肢はクソほどあるが、その中でも結婚して子供を作るのが一番アツい」と国民に思わせる国にするしかないが、残念ながら日本はアツいように見えないし、正直サムいままである。

それと同じようにひきこもりも、家から出ずにある程度暮らせるようになった今、数を減らそうと思ったら「中より外の方がアツい」世界観にするしかない。逆にいえば、昔ひきこもりが問題になるほど存在しなかったのは、家の中がサムかったからでもある。

人間にとって一日中やることもなく、話す相手もいない状態で長時間過ごす、というのはかなり苦痛なことであり、相当なガッツがなければそんなことを数十年も続けられないのだ。ひきこもりは根性のない人間がなるものというイメージがあるかもしれないが逆であり、実はかなりのマッチョでなければ続けられないのが昔のひきこもりだったのである。よって根性のないもやしどもは、最初は良くてもすぐに「こんな生活耐えられん」と、外に逃げ出していたのだ。だが、ネットの普及により、家の中で時間を潰す方法は激増し、他者とのコミュニケーションもネット上で行えるようになった。むしろ、外で他人と関わるよりネット上で関わる方が難易度もストレスも低いのである。

サムかった家の中が技術の進化により外より温まってきてしまったなら、暖を求めて人口が増えるのは当たり前である。よってひきこもりを減らしたいなら、昔のように家の中をサムくする必要があるのだが、正直家の中の方がアツくなる一方である。何せコロナの影響で、好むと好まざるとにかかわらず強制的に家の中にいることを余儀なくされていったのだ。その状態で、人々がメンをヘラないようにし、さらに経済をストップさせず、あわよくば企業が利益を出そうと思ったら、家の中を激アツにしていくしかない。結果家の中で出来ることはさらに増え、むしろ出来ないことを探すのが困難な状況となってしまった。

こんな状況でひきこもりの数を減らそうと思ったら、一度文明を滅ぼすしかない。

つまりひきこもりの増加は技術の進化と時代の流れによる必然であり、これを止めるというのは洗濯機や炊飯器の普及を止めるぐらい無理である。よってひきこもりの数に目を向けても仕方がない。「そんなもの増えるに決まっている」からだ。それよりも、ひきこもりが引き起こしている問題と、その解決策を考えていかなければいけない。逆にいえば問題を起こしていないひきこもりは「ほっとけ」ということであり、そういうひきこもりの生き方に文句をいうのは、結婚出産をしない選択をした人間に「昔はそんなこと許されなかった」と説教するに等しい。

そういう「新しい生き方」に文句をいう人はいつの時代も存在する。だが、それに屈せず自分の生き方を貫く人間がいるから「新しい生き方」は「当たり前の生き方」として受け入れられていくのだ。この先生まれてくる子供たちが当たり前のようにひきこもれる未来を作るため、これからも私はさも当然のようにひきこもっていきたいと思う。

今日も一歩も外に出ず、誰とも話さず、ひきこもりについてガタガタいう文章を書くだけで一日が終わってしまうが、これが子供たちの明るい未来につながると思えば、辛いことなど何もない。

# ⑪ あなたにとって「ひきこもり」ってなんですか？

ひきこもり処世術もこれで最終回だ。

右の一文を書いた後、すでに半日が経過している。普通100回も続いた連載の最終回ともなれば、言うことがたくさんありそうなものだが「あなたにとって呼吸とは？」と聞かれたところで「しないと死ぬからしている」としか答えられないし、義務教育を終えた人間なら「そういや魚って何で水の中にいるの？　苦しくね？」とは今更思わないだろう。私にとって「ひきこもり」は呼吸レベルで生きていくために自然に行っている行為なので改めて語ることなど最初から特にないのだ。よってまず呼吸について100回も語った私を労(いたわ)ってほしい。

この連載が始まったのは、まだ人類がコロナに真剣にビビり散らかしていた時期であり、外出自粛要請も割と真面目に守っていた時期であった。正直今でもコロナの危機が去ったとは言えないのだが、気が長いコロナさんに対し人間の方があまりにも飽きっぽく、自粛生活もあまり長続きはしなかった。しかし、教会に連れてこられた4

歳児並に持久力はなかったものの、全国民が外出自粛、つまり「ひきこもり」状態になった瞬間があったのも事実である。

その時期に始まったのがこの連載である。

今思えばビットコインを最高値の時に購入したようなもので、後は下がる一方でしかないテーマを選んでしまったような気もするが、とはいえお陰様でコロナ以降ひきこもりはシェアを伸ばすことに成功したそうである。「コロナのせいでひきこもり問題が深刻化した」とも言えるのだが、単純にひきこもりの数が増えたことが深刻な問題というわけではない。コロナの影響で職と収入を失い、ひきこもりになる人間が増えたというならそれは深刻な問題である。しかしコロナの影響でリモートワークが普及し、外出する必要性がなくなったためひきこもりが増えたというならそれは問題ではなく、家から出ないというライフスタイルを選択する人が増えたというだけである。

おそらくコロナのひきこもりへの影響はその両方であり、ひきこもりの数自体も増やしたかもしれないが、逆にそんなひきこもりが家から出ずに生きる手段も増やしたような気がする。以前であればひきこもり問題の解決というのはひきこもりを部屋の外に出し、その勢いで会社などに行かせることだったかもしれない。だが、リモートワークの普及により、無理に会社に行かなくても仕事は出来るということが証明された今、「外に出る」ことはすでに人間にとってマストではないということである。

つまり皮肉にもコロナが保守的な日本のライフスタイルや働き方を強制的に多様化促進したといえる。少なくとも、業務連絡にファックスを使うと諸外国に爆笑されると気付けただけでも大きすぎる一歩だ。しかし、それでも国営放送が頑なにオリンピック選手への応援メッセージをファックスで募集してしまったため、ついに諸外国の反応は「時代遅れに対する嘲笑」から、「日本のファックス文化に対する感嘆」に変わってしまった。ファックスを過去の遺物から文化財に昇華させたのもコロナの数少ない功績のうちの一つといえる。つまり、どれだけ時代遅れで古臭いと言われようと、それを価値あるものと信じて続ければ、それは伝統ある文化となり、逆に絶やさぬよう受け継がれていくものとなるのだ。

同様に「ひきこもり」もまだライフスタイルだと主張しても理解を得られないか、そういうギャグだと思われてしまうのが現状である。

しかし今のひきこもりがこれを真っ当な生き方の一つだと信じてひきこもり生活を続ければそれは本当に生き方の一つとなっていくのである。今はその過渡期であり、現在のひきこもりの動向により、ひきこもりがライフスタイルになるか、今までどおり社会問題扱いになるかが決まると言っても過言ではない。よって、今ひきこもっている人は卑屈になるのではなく、殴りたくなるぐらい堂々とひきこもりを続けてほしい。

パリコレでもたまに変質者以外何ものでもない服が出てくるが、それを着たモデルの「堂々」によりそれが「世界最先端のファッション」であるという説得力になっているのだ。同様にひきこもりも堂々としていれば周囲が勝手に「もしかしたらこれが今のイケてる生き方なのかも」と錯覚してくれるはずである。

しかし、人間の生活や状況、そして主義というのは時間と共に変化していくものである。

おしどり夫婦エッセイを書いていた人間が泥沼不倫離婚をすることもあれば、田舎でスローライフ最高と言っていた人間が数年後タワマン25階以上は虫が出なくて最高と言っている場合もある。

この連載も始まったときは、ひきこもり最高、ひきこもりは新しい生き方の一つだ、という主張だったが、時が経つことで「太陽を浴びない奴は脳も心も腐っている」という主張に変わったり、ひきこもり生活により心身の健康を害しセキュリティが厳重な病院でのひきこもり生活編がスタートし、読者を落胆させる可能性もゼロではなかった。

しかし、最終回を迎えた今、主張は全く変わっていないし、むしろ第1回目よりもさらにハードにひきこもっている、週1だった買い物も今や月1だ。

１００回も呼吸について語り、読者の信頼も裏切らなかった私に今一度惜しみない拍手を送ってほしい。

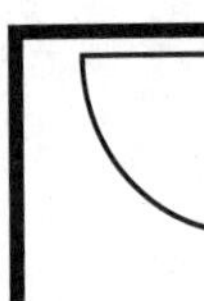

# あとがき

本書の内容を連載していたのは早や数年前のことになるが、改めてよくこれだけあの手この手でひきこもりを擁護したなと思う。

しかし、ひきこもりに対する考え自体はこの時から特に変わっていない。

人間は時間の経過とともに考え方が変わることもある。

私が現在「外」に目覚め、毎日SNSに外出記録をアップしているような状態だったら本書の刊行は危うかったかもしれないが、何の心配もなくひきこもり続けている。

しかし私が現在インスタに「カレー沢薫@旅行垢」みたいなアカウントを持つ身だったとしても、ひきこもりという生き方が間違っているとは思わない。

自身の生き方を肯定しつつも他の生き方を否定しないのが真の多様性だろう。

万が一私が外に目覚めたとしても、サグラダ・ファミリアの写真をあげながら「世界にはまだ見ぬ素晴らしい風景がたくさんあるのに、自分の指の脂で曇ったスマホばかり見ている人生の無駄」などと投稿しないようにしたい。

確かに外には良いこともあるだろうが、悪いことも山ほどあるため、それを直視して心を病むぐらいなら、暗転するたびに自分のBフェイスを煽(あお)りで映し出してくるスマホ画面を見ていた方がマシな時もある。

外か中かではなく、自分に向いている生き方を肯定することが大事なのだ。

しかし、自分に向いた生き方を選択したことを「楽に逃げた」と周囲に責められることもあるし、何より自分自身がそう思ってしまい、自己肯定感を下げてしまうことがある。

どんな生き方であろうとも、自分でそれを肯定できないことほどつらいことはないし、自己肯定感の低下は様々な面で悪影響を及ぼす。

実際、ひきこもりの人は自己肯定感が低い人が多い。

自己肯定感が低くなると、社会に出る勇気はますます失われるし、出たとしても自信のなさから上手(うま)くいかず、どんな理不尽な目にあっても「殴るのにちょうどいい顔をしている自分が悪い」と、己を責め、結局病んで、より強固なひきこもりになってしまう可能性がある。

もちろんひきこもりとして自信を持つことで社会に出る自信がつくなどということは全くない。しかし「いつまでもひきこもっていないで外に出なければ」という気持ちが消え、絶大な自信を持ってひきこもれるようになる。

そうなることで、ひきこもったままでなんとか生活する術はないだろうか、という前向きな気持ちでひきこもれるようになる。

実際、私は家で出来る仕事をして極力社会とかかわらないように暮らしている。

だが、そう言うと「所詮生存バイアス」というお叱りを受けることもある。

私だけでなく、非行や病気など、世間的に「詰み」と呼ばれる状態から、取り返した人の成功談には、必ずそういう物言いがつくという。

確かに、成功談というのは常に運よく勝者側になった者のヒーローインタビューでしかない。

そもそも生存していない者の言葉は何せ死んでいるので残りようがない。

そういう私も「しくじり先生」的な番組を見ると「結局しくじりから抜けた側の言葉ではないか、現在進行形でしくじっている人の姿を見せてくれ」と思う。

確かに、運や環境というのは大事であり、大谷ですら、宗教上の理由で野球が禁じられた国に生まれていたらどうなっていたかわからない。

それに恵まれた奴の意見など参考にならない、というのも事実だ。

しかしこれは、苦言の中には少なからず「嫉妬」が含まれているという証拠でもある。

ひきこもりが自信満々で「外に出たら負けと思っている」と言ったら、おそらく批判が殺到するだろうし「いつか後悔するぞ」という当然の指摘も多数来るだろう。

だが、その中には「そんな生活が許されてしかも堂々としている」ことに対する嫉妬もあるのではないだろうか。

先日ネットで、８０５０問題をサバイブし、ついに自分が年金受給の年まで逃げ切ったという、ひきこもり歴40年のニキを見つけた。

決して本人はやってやった感を出しているわけでもなく、そんな人生で楽しいのかという苦言もあったが、素直に「羨ましい」というコメントを漏らす者も多く、私も正直羨ましいと思った。

もちろんこのニキは相当運がよく、普通は途中で親が死ぬなどして破綻すると思うが、だからこそ運よく逃げ切ったニキが羨ましいのだ。

つまり、生き方に対する苦言の中には「何故自分よりブスの奴が自分より楽しそうに恥ずかしげもなく生きているのか」という、言いがかりでしかない嫉妬が一部含まれていると思った方がいい。

よって、そのようなことを言われても自己肯定感を下げるのではなく「自分も他人に嫉妬されるまでになった」と思って、むしろ肯定感を上げていってほしい。

肯定できる自分になるより、今の自分を屁理屈でもいいから肯定する方が簡単に決まっている。

本書はそういう屁理屈のバリエーションだけはやたら豊富なので、現状の自分を肯定する参考になれば幸いである。

カレー沢 薫

初出
「ひきこもり処世術」
「ｔｒｅｅ」 2020年５月１日～2022年５月２日　掲載分から抜粋
※内容は、執筆当時のものです。

|著者|カレー沢 薫　「漫画家にして会社員にして人妻」改め、無職兼作家。生まれて初めて投稿した漫画が、新人賞で落選したにもかかわらず連載化。プロレタリアート猫ちゃん漫画『クレムリン』として話題作となる。独自の下から目線で放つコラム&エッセイにもファンが多い。漫画作品に『ひとりでしにたい』（第24回〈2020年度〉文化庁メディア芸術祭マンガ部門優秀賞受賞）『いきものがすきだから』『アンモラル・カスタマイズZ』『ニコニコはんしょくアクマ』『やわらかい。課長 起田総司』『ヤリへん』『猫工船』、エッセイに『負ける技術』『もっと負ける技術』『負ける言葉365』『ブスの本懐』『女って何だ？』『やらない理由』『猥談(わいだん)ひとり旅』『モテの壁』『なおりはしないが、ましになる』『下ネタの品格』などがある。

ひきこもり処世術(しょせいじゅつ)

カレー沢(ざわ) 薫(かおる)



2024年7月12日第1刷発行

発行者――森田浩章
発行所――株式会社　講談社
東京都文京区音羽2-12-21　〒112-8001
電話　出版 (03) 5395-3510
　　　販売 (03) 5395-5817
　　　業務 (03) 5395-3615

Printed in Japan

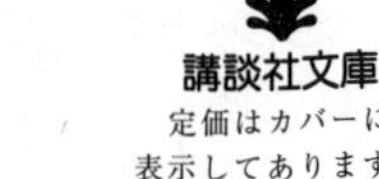

講談社文庫
定価はカバーに
表示してあります

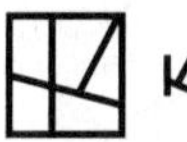

KODANSHA

デザイン―菊地信義
本文データ制作―講談社デジタル製作
印刷―――株式会社KPSプロダクツ
製本―――株式会社国宝社



ISBN978-4-06-536115-3

# 講談社文庫刊行の辞

二十一世紀の到来を目睫に望みながら、われわれはいま、人類史上かつて例を見ない巨大な転換期をむかえようとしている。

世界も、日本も、激動の予兆に対する期待とおののきを内に蔵して、未知の時代に歩み入ろうとしている。このときにあたり、創業の人野間清治の「ナショナル・エデュケイター」への志を現代に甦らせようと意図して、われわれはここに古今の文芸作品はいうまでもなく、ひろく人文・社会・自然の諸科学から東西の名著を網羅する、新しい綜合文庫の発刊を決意した。

激動の転換期はまた断絶の時代である。われわれは戦後二十五年間の出版文化のありかたへの深い反省をこめて、この断絶の時代にあえて人間的な持続を求めようとする。いたずらに浮薄な商業主義のあだ花を追い求めることなく、長期にわたって良書に生命をあたえようとつとめるところにしか、今後の出版文化の真の繁栄はあり得ないと信じるからである。

同時にわれわれはこの綜合文庫の刊行を通じて、人文・社会・自然の諸科学が、結局人間の学にほかならないことを立証しようと願っている。かつて知識とは、「汝自身を知る」ことにつきていた。現代社会の瑣末な情報の氾濫のなかから、力強い知識の源泉を掘り起し、技術文明のただなかに、生きた人間の姿を復活させること。それこそわれわれの切なる希求である。

われわれは権威に盲従せず、俗流に媚びることなく、渾然一体となって日本の「草の根」をかたちづくる若く新しい世代の人々に、心をこめてこの新しい綜合文庫をおくり届けたい。それは知識の泉であるとともに感受性のふるさとであり、もっとも有機的に組織され、社会に開かれた万人のための大学をめざしている。大方の支援と協力を衷心より切望してやまない。

一九七一年七月

野間省一

講談社文芸文庫

坪内祐三
# 『別れる理由』が気になって
解説＝小島信夫
つL2

長大さと難解に見える外貌ゆえ本格的に論じられることのなかった小島信夫『別れる理由』を徹底的に読み込み、現代文学に屹立する大長篇を再生させた文芸評論。

978-4-06-535948-8

中上健次
# 異族
解説＝渡邊英理
なA9

共同体に潜むうめきを路地の神話に書き続けた中上が新しい跳躍を目指しながら未完のまま封印された最期の長篇。出自の異なる屈強な異族たち、匂い立つサーガ。

978-4-06-535808-5

# 講談社文庫　目録


川瀬七緒　メビウスの守護者〈法医昆虫学捜査官〉
川瀬七緒　潮騒のアニマ〈法医昆虫学捜査官〉
川瀬七緒　紅のアンデッド〈法医昆虫学捜査官〉
川瀬七緒　スワロウテイルの消失点〈法医昆虫学捜査官〉
川瀬七緒　フォークロアの鍵
川瀬七緒　ヴィンテージガール〈仕立屋探偵　桐ヶ谷京介〉
風野真知雄　隠密　味見方同心(一)〈くじらの姿焼き騒動〉
風野真知雄　隠密　味見方同心(二)〈干し卵不思議味〉
風野真知雄　隠密　味見方同心(三)〈幸せの小福餅〉
風野真知雄　隠密　味見方同心(四)〈恐怖の流しそうめん〉
風野真知雄　隠密　味見方同心(五)〈フグの毒鍋〉
風野真知雄　隠密　味見方同心(六)〈鵺の闇鍋〉
風野真知雄　隠密　味見方同心(七)〈絵巻寿司〉
風野真知雄　隠密　味見方同心(八)〈ふふふの麩〉
風野真知雄　隠密　味見方同心(九)〈殿さま漬け〉
風野真知雄　潜入　味見方同心(一)〈恋のぬるぬる膳〉
風野真知雄　潜入　味見方同心(二)〈陰膳だらけの宴〉
風野真知雄　潜入　味見方同心(三)〈五右衛門の鍋〉
風野真知雄　潜入　味見方同心(四)〈謎の伊賀忍者料理〉
風野真知雄　潜入　味見方同心(五)〈牛の活きづくり〉
風野真知雄　潜入　味見方同心(六)〈肉欲もりもり不精進料理〉
風野真知雄　魔食　味見方同心(一)〈豪快クジラの活きづくり〉
風野真知雄　魔食　味見方同心(二)〈料亭駕籠は江戸の駅弁〉
風野真知雄　昭和探偵 1
風野真知雄　昭和探偵 2
風野真知雄　昭和探偵 3
風野真知雄　昭和探偵 4
風野真知雄 ほか 岡本さとる　五分後にホロリと江戸人情
カレー沢　薫　負ける技術
カレー沢　薫　もっと負ける技術〈カレー沢薫の日常と退廃〉
カレー沢　薫　非リア王
加藤千恵　この場所であなたの名前を呼んだ
神楽坂　淳　うちの旦那が甘ちゃんで
神楽坂　淳　うちの旦那が甘ちゃんで 2
神楽坂　淳　うちの旦那が甘ちゃんで 3
神楽坂　淳　うちの旦那が甘ちゃんで 4
神楽坂　淳　うちの旦那が甘ちゃんで 5
神楽坂　淳　うちの旦那が甘ちゃんで 6
神楽坂　淳　うちの旦那が甘ちゃんで 7
神楽坂　淳　うちの旦那が甘ちゃんで 8
神楽坂　淳　うちの旦那が甘ちゃんで 9
神楽坂　淳　うちの旦那が甘ちゃんで 10
神楽坂　淳　うちの旦那が甘ちゃんで〈鼠小僧次郎吉編〉
神楽坂　淳　うちの旦那が甘ちゃんで〈寿司屋台編〉
神楽坂　淳　うちの旦那が甘ちゃんで〈飴どろぼう編〉
神楽坂　淳　帰蝶さまがヤバい 1
神楽坂　淳　帰蝶さまがヤバい 2
神楽坂　淳　ありんす国の料理人 1
神楽坂　淳　あやかし長屋〈嫁は猫又〉
神楽坂　淳　妖怪犯科帳〈あやかし長屋 2〉
神楽坂　淳　夫には殺し屋なのは内緒です
神楽坂　淳　夫には殺し屋なのは内緒です 2
加藤　元　浩　捕まえたもん勝ち！〈七夕菊乃の捜査報告書〉
加藤　元　浩　量子人間からの手紙〈捕まえたもん勝ち！〉
加藤　元　浩　奇科学島の記憶〈捕まえたもん勝ち！〉
梶永正史　銃の啼き声〈潔癖刑事・田島慎吾〉
梶永正史　潔癖刑事　仮面の哄笑


2024年6月14日現在